本书为国家重点研发计划课题"长江流域文明进程研究"（课题编号2020YFC1521603）和"中华文明起源进程中的生业、资源与技术研究"（课题编号2020YFC1521606），以及国家文物局"考古中国"重大项目"长江下游区域文明模式研究"的阶段性成果。本书出版得到浙江省委宣传部良渚考古系列图书出版经费的资助。

赵晔 著

良渚侧影
卞家山

良渚文明丛书
Liangzhu Civilization Series

Silhouette of Liangzhu
Bianjiashan Site

ZHEJIANG UNIVERSITY PRESS
浙江大学出版社
·杭州·

总 序 Preface

良渚与中华五千年文明

刘 斌

时间与空间真是奇妙的组合，当我们仰望星空，看到浩瀚的宇宙，那些一闪一闪的星星，仿佛恒久不变地镶嵌在天幕中。然而，现代科学告诉我们，光年是距离单位，宇宙深处星星点点射向我们的光线，来自遥远的过去。原来，时空的穿越，不过是俯仰之间。

考古，同样是这种俯仰之间的学问，由我们亲手开启的时光之门，将我们带回人类历史中每一个不同的瞬间。而距今 5000 年，就是一个特殊的时间点。

放眼世界，5000 年前是个文明诞生的大时代。世界上的几大流域，不约而同地孕育出早期文明，比如尼罗河流域的古埃及文明、两河流域的苏美尔文明、印度河流域的哈拉帕文明。那么，5000 年前的中华文明在哪里？这个问题困扰学界甚久。按照国际上通行的文明标准，城市、文字、青铜器……我们逐一比对，中国的古代文明似乎到出现了甲骨文的商代为止，便再难往前追溯了。

考古学上，我们把文字出现之前的历史称为"史前"。在中国的史前时代，距今 1 万年以上，在辽阔版图的不同地理单元中，开始演绎出各具特色的文化序列。考古学上形象地称之为"满天星斗"。然而，中国的史前时代长久以来被低估了。一直以来，我们都是以夏商为文明探源的出发点，以黄河文明作为中华文明的核心，无形中降低了周围地区那些高规格遗迹遗物的历史地位，比如辽西的红山文化、江汉地区的石家河文化、太湖流域的良渚文化、晋南的陶寺文化、陕北的石峁遗址……随着探源脚步的迈进，我们才渐渐发现，"满天星斗"的文化中，有一些已然闪现出文明的火花。"良渚"就是其中一个特殊的个案。

大约在 5300 年前的长江下游地区，突然出现了一个尚玉的考古学文化——良渚文化。尽管在它之前，玉器就已广受尊崇，但在此时却达到空前的繁荣。与以往人们喜爱的装饰玉器不同，良渚人的玉器可不仅仅是美观的需要。这些玉器以玉琮为代表，并与钺、璜、璧、冠状饰、三叉形器、牌饰、锥形器、管等组成了玉礼器系统，或象征身份，或象征权力，或象征财富。那些至高无上的人被埋葬在土筑的高台上，配享的玉器种类一应俱全，显示出死者生前无限的尊贵。礼玉上常见刻绘有"神徽"形象，用以表达良渚人的统一信仰。这些玉器的拥有者是良渚的统治阶级，他们相信自己是神的化身，行使着神的旨意，随葬的玉器种类和数量显示出他们不同的等级和职责范围。我们在杭州余杭的反山、瑶山，常州武进的寺墩，江阴的高城墩，上海的福泉山等遗址中，都发现了极高等级的墓群。这就似乎将良渚文化的分布范围分割成不同的统治中心，呈现出小邦林立的局面。然而，历史偏偏给了余杭一个机会，在反山遗址的周围，越来越多的良渚文化遗址被发现，这种集中分布的遗址群落受到了良好的保护，使得考古工作得以在这片土地上稳步开展。到今天再来回望，这为良渚文明的确立提供了必要的前提。否则，谁会想到零星发现的遗址点，竟然是良渚古城这一王国之都的不同组成部分。

今天，在我们眼前所呈现的，是一个有 8 个故宫那么大的良渚古城（6.3 平方公里）。它有皇城、内城、外城三重结构，有宫殿与王陵，有城墙与护城河，有城内的水路交通体系，有城外的水利系统，作为国都，其规格已绰绰有余。除了文字和青铜器，良渚文化在各个方面均已达到国家文明的要求。其实，只要打开思路，我们就会发现，通行的文明标准不应成为判断一个文化是否进入文明社会的生硬公式。青铜器在文明社会中承载的礼制规范的意义，在良渚文化中是体现在玉器上的。文字是记录语言、传承思想文化的工具，在良渚文化中，虽然尚未发现文字系统，但那些镌刻在玉礼器上的标识，也极大程度地统一着人们的思想，而大型建筑工事所反映出的良渚社会超强的组织管理能力，也透露出当时一定存在着某种与文字相当的信息传递方式。因此，良渚古城的发现，使良渚文明的确立一锤定音。

如今，良渚考古已经走过了 80 多个年头。从 1936 年施昕更先生第一次发现良渚的黑皮陶和石质工具开始，到今天我们将其定义成中国古代第一个进入早期国家的区域文明；从 1959 年夏鼐先生提出"良渚文化"的命名，学界逐渐开始了解这一文化的种种个性特点，到今天我们对良渚文明进行多领域、全方位的考古学研究与阐释，良渚的国家形态愈发丰满起来。这一系列图书，主要是由浙江省文物考古研究所致力于良渚考古的中青年学者，围绕近年来杭州市余杭区瓶窑镇良渚古城遗址的考古发现与研究，集体编纂而成，内含极其庞大的信息量。其中，包含有公众希望了解的良渚古城遗址的方方面面、良渚考古的历程、良渚时期古环境与动植物信息、代表了良渚文明最高等级墓地的反山王陵、为人们津津乐道的良渚高等级玉器、供应日常所需林林总总的良渚陶器……还有专门将良渚置于世界文明古国之林的中外文明比对，以及从媒体人角度看待良渚的妙趣横生的系列报道汇编。相信这套丛书会激起读者对良渚文明的兴趣，从而启发更多的人探索我们的历史。

可能很多人不禁要问：良渚文明和中华文明是什么样的关系？因为在近现代历史的观念里，我们是华夏儿女，我们不知道有一个"良渚"。其实，这不难理解。我们观念里的文明，是夏商以降、周秦汉唐传续至今的，在黄河流域建立政权的国家文明，是大一统的中华文明。考古学界启动"中华文明探源工程"，为的就是了解最初的文明是怎样的形态。因此，我们不该对最初的文明社会有过多的预设。在距今5000年的节点上，我们发现了良渚文明是一种区域性的文明。由此推及其他的区域，辽西可能存在红山文明，长江中游可能存在石家河文明，只是因为考古发现的局限，我们还不能确定这些文明形态是否真实。良渚文明在距今4300年后渐渐没落了，但文明的因素却随着良渚玉器得到了有序的传承，影响力遍及九州。由此可见，区域性的文明实际上有全局性的影响力。

人类的迁徙、交往，从旧石器时代开始从未间断。不同规模、不同程度、不同形式的人口流动，造成了文化与文化间的碰撞、交流与融合。区域性的文明也是一个动态的过程。目前来看，良渚文明是我们所能确证的中国最早文明，在这之后的1000多年里，陶寺、石峁、二里头的相继繁荣，使得区域文明的重心不断地发生变化。在这个持续的过程中，礼制规范、等级社会模式、城市架构等文明因素不断地传承、交汇，直至夏商。其实，夏商两支文化也是不同地区各自演进发展所至，夏商的更替也是两个区域性文明的轮流坐庄，只是此时的区域遍及更大的范围，此时的文明正在逐鹿中原。真正大一统的中央集权国家，要从秦朝算起。这样看来，从良渚到商周，正是中华文明从区域性文明向大一统逐步汇聚的一个连续不断的过程，万万不可将之割裂。

2019 年 5 月于良渚

序 言 Preface

中国是文明古国，也是世界上唯一一个历史脉络不曾间断的国家。200多万年前就有人类祖先在中华大地上生息，先后出现了云南元谋人、陕西蓝田人、周口店北京人等猿人。祖先们依靠打制石器开拓生存空间，学会了使用火来提高生活质量。距今1万年前后，古代先民进入了以磨制石器为主要生产工具的新石器时代。伴随着农业、制陶业的兴起，人们逐渐走向定居的生活。从此，文明因子不断孕育和积聚——生产技术日益提高，宗教观念逐渐形成，科学艺术同步激发。到距今5000年前后，原始宗教盛行，社会分化加剧，王权出现，区域性的早期国家诞生。良渚古国就是中国首批区域性国家的重要代表。

经过马家浜文化、崧泽文化的长期积淀，距今5300年前后，长江下游的环太湖流域兴起了一个显赫的考古学文化——良渚文化。在近千年的持续发展历程中，良渚文化先民造就出一个强势的良渚古国，从而将长江下游的史前社会推上了一个历史高峰。

良渚古国以发达的稻作农业为基础，统一的宗教信仰为支柱，系列精湛玉器为社会秩序的管理工具，建立了神权与王权统一的早期国家，并在杭州湾北侧的良渚地区构筑起庞大的都城，目前考古界称之为"良渚古城"（图序-1）。这是一个经过精心规划与布局的都城，坐落于天目山支脉的大遮山丘陵和大雄

图序-1　良渚古城位置图

山丘陵之间的宽阔谷地，内外有三重，自内而外依次为宫殿区、内城和外城，所占面积分别约39万平方米、300万平方米和630万平方米。城内除了宫殿区，还有反山王陵、池中寺粮仓、钟家港高端手工业作坊区。内城墙结构基本一致，均以石块铺底，黄土堆筑，宽约40～60米，高约4米。城内外主要通过水路联通，城墙的每边各设两个水门，共计八个水门；唯一的陆城门位于南城墙中部。在古城外围，西北方山地的谷口建有多段人工坝体连成的拦水大坝，大坝与古城之间还有一道依托自然山体由人工接续起来的超长堤坝，从而形成高、低两级控水的复杂水利系统。古城东北方大遮山丘陵间的瑶山西坡上设有祭神和观天象的方形祭坛；西北方不远处有一座孤立的汇观山，其顶部建有一座规模更大的方形祭坛。此外，古城周围还分布着许多不同等级和功能的聚落，它们支撑着良渚古城的日常运作，为古城内的权贵们提供各种人力、物资等资源。放眼5000年前的古代中国，无论是规模还是结构，良渚古城都堪称是最大最成熟的都城。

2019年7月6日，良渚古城遗址被正式列入世界文化遗产，标志着良渚古城遗址的考古成就与价值，以及它所印证的中华五千年文明史已得到国际社会的高度认可。良渚古城遗址的申遗范围包括四个区块：良渚古城核心区、谷口高坝、平原低坝与塘山长堤、瑶山祭坛及墓葬。从中提炼的主要内涵和遗产价值分别为：权力与信仰中心的城址、功能复杂的外围水利系统、分等级的墓地（含祭坛）、具有信仰与制度象征的系列玉器。这四个区块彼此有机关联，真实和完整地体现了良渚古城最本质的特征，代表了良渚社会发展的历史高度。

良渚社会拥有成熟的稻作农业、高超的手工技艺、复杂的社会结构、统一的宗教信仰、精湛的玉质礼器和基本完备的国家形态，因此，它是一个活生生的史前文明范例。良渚古城区域迄今已发现300多个遗址点，它们也只是良渚先民在近千年发展历程中的极少部分遗存。尽管如此，每个遗址点还是或多或少蕴藏着良渚社会的某些信息，有的反映大型的公共工程，有的反映最基层的居住单元，有的反映日常生活细节，有的反映手工业生产状况，有的则反映死后的葬仪葬俗。所有的遗址点都是历史遗留的碎片，考古工作者就是要通过这些遗迹和残留物，尽可能多地拼凑并还原出其远古的真实社会面貌。

据C14测年分析，良渚古城的三重结构并非同时形成，而是逐步增大扩容的。莫角山宫殿区和水坝几乎同时开建于距今5000年前后，过了100多年才出现内城，又过了100多年才形成外城。卞家山位于良渚古城南侧，起初为一个相对独立的东西向长条形遗址，后来被纳入良渚古城外城南墙的一部分（图序-2）。2003年—2005年，浙江省文物考古研究所对卞家山遗址西部数十米宽的地块进行了全面揭露，共计发掘面积2600平方米，清理出良渚文化墓葬66座、大型灰沟2条、木构码头1处、排水沟1条、房址1处和灰坑5个；同时出土陶器、石器、玉器、骨角器、漆木器、竹编制品等各类器物1400余件。虽然发掘区只占遗址西部的一小部分，却呈现了一处内涵丰富并延续数百年的聚落遗址的分布格局和变迁过程。这处聚落遗址虽然没有高等级的贵族墓葬，也没有高规格的活动遗迹，但有着优越的埋藏环境，因此，保存和发现了大量良渚时期的日常生活遗存和相关信息，其中不乏罕见的遗迹和遗物。这些遗存生动展现了良渚社会常态的基本生活面貌，从一个侧面反映了良渚社会的世俗生活，体现了良渚文明的社会基础，因此，是一个非常值得解读的重要遗址。

当然，考古发掘结束并不意味着考古项目的结束，还要通过整理和研究把考古资料公之于众，这样考古工作才可以说告一个段落。经过数年断断续续的

图序-2 卞家山位置图

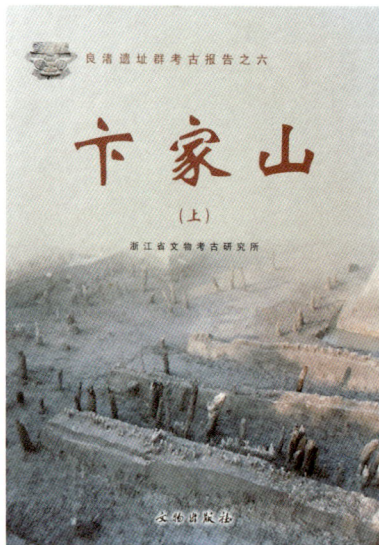

图序 -3　卞家山考古报告

器物修复、绘图、拍照、标本分析检测、器物整理和研究,《卞家山》考古报告于 2014 年正式出版 ①（图序 -3）。报告分上、下两册，上册为文字，下册为图版。按照考古报告的体例，报告共分"遗址概述""地层堆积""墓地""随葬品分类描述""墓地研究""大型灰沟""码头遗迹""其他遗迹""遗迹单位及地层出土遗物""相关认识""自然遗存""保护和利用"等十二章，最后是备查的附表和附录。由于考古报告带有很多专业词汇和逻辑推论，普通大众难以阅读和理解，因此有必要对这些考古资料进行重新解构和编写，按照正常的生活逻辑作科普化解读，于是就有了现在这本书。从某种意义上说，本书是一部通俗版的考古报告。

① 浙江省文物考古研究所:《良渚遗址群考古报告之六——卞家山》，文物出版社，2014 年.

目 录 Contents

考古发掘过程

卞家山位于浙江省杭州市余杭区瓶窑镇良渚古城南部，遗址呈东西向长条形，隆起的主体长约 1000 米，宽 30～50 米，高出农田 1～2 米。其上居住着瓶窑镇长命村卞家组的村民，房前屋后布满竹林、茶园和菜地（图 1-1）。

卞家山遗址的考古发掘经历了几个年头，中间有过一些波折，也算得上跌宕起伏。大体上从 2002 年底试掘，2003 年至 2005 年进行了时间不等的三次发掘，先后揭露的面积合计 2600 平方米，发现良渚文化长时间沿用的墓地、港湾式灰沟、木构码头等重要遗迹，还出土了一大批保存较好的器物，为研究良渚文化的社会面貌提供了一批珍贵的实物资料。

图 1-1　卞家山全貌

一　缘　起

卞家山俗称"卞家舍""卞家塘"，民国时期也叫"卞家沙头"。据何天行《杭县良渚镇之石器与黑陶》一书记载，良渚的荀山和瓶窑的长明桥、钟家村、卞家沙头一带"本以出玉著名"[①]。据了解，卞家山在1949年前就有玉璧、玉环等文物出土，故有"玉田里"之称。1949年后曾屡遭盗掘，但是20世纪80年代之后，卞家山及其附近再没有出土玉器的传闻，因此，文物部门在做调查之前，一直未将它列入遗址名录。当时考古人员认为，良渚遗址群的分布范围大致在瓶窑吴家埠遗址以东，良渚近山以西，北部大遮山脉以南，小运河（良渚港—庙桥港）以北，因而觉得莫角山以南没有什么遗址。

1998年4月至1999年7月，随着分片分阶段系统考古调查的推进，良渚遗址群的遗址数量和分布有了很大变化。1999年7月7日，赵晔和技工方中华来到卞家山调查，在遗址西部一水泥板预制场厂房东侧的竹林里意外发现了几个盗洞。从洞内杂草的生长情况来看，盗挖的时间并不久。两人清理了其中一个盗洞的壁面，另在附近打了两个探眼，结果都显示40～50厘米的表土下是灰色或黄褐色的文化层，里面有夹砂红陶和泥质红陶片。经询问，这片区域正是1949年前被称为"玉田里"的

① 何天行：《杭县良渚镇之石器与黑陶》，上海吴越史地研究会，1937年.

地方，也即后来被发掘证实是墓地的区域（图 1-2:1 ）。

　　考古部门据此将卞家山正式列为遗址。同时被确认的还有卞家山附近的公家山、西头山、野猫山、沈塘山等遗址，共有 10 多处。这些遗址都位于莫角山以南，填补了莫角山以南文物点的空白，也使莫角山的中心地位有了合理解释。

　　位于遗址西侧的水泥板预制场厂房是一排破旧的平房，前面有一片水泥地，上面杂乱地堆放了一些五孔预制板。一年后，预制场及"玉田里"高地，还有南部 104 国道边的部分水田，共计 20 多亩（1 亩 ≈ 666.67 平方米）土地被杭州中联内燃机配件厂征用。厂方将厂区用围墙圈起，并在西半部建起了四排厂房（图 1-2:2 ）。

　　2001 年 9 月，浙江省政府将良渚、瓶窑两镇 242 平方千米划为良渚遗址管理区，成立杭州良渚遗址管理区管理委员会和浙江省杭州良渚遗址管理局，用类似文物特区的方式对良渚遗址群进行统一管理和保护。管委会设立后加强了对良渚遗址群的保护力度，对遗址群及其附近的建设项目都要求进行严格的文物勘察和审批。

　　2002 年 8 月，杭州中联内燃机配件厂申请在厂区东半部添建厂房。此时厂方已经知道，这块空地隆起的北半部是一个古代遗址，因而计划在南半部水田里填土建房。浙江省文物考古研究所接到报告后，派王宁远

1. 1998 年卞家山外景

2. 曾经的中联内燃机配件厂

图 1-2　卞家山旧貌及中联厂

赴现场察看。按照以往的经验，这种低洼的农田下很快会挖到当地俗称的"小粉土"，一般不会有什么遗存。但为了慎重起见，还是请厂方提供少量的经费，计划开一条探沟了解确切情况，争取半个月内完成工作。

二　试　掘

2002 年 8 月 28 日，王宁远和技工陈欢乐到厂区布了一条南北向 2 米 × 10 米的探沟，位置在高地与水田的交接处，主要目的是确定遗址的南部边界。9 月 2 日，因王宁远另有任务，赵晔和技工葛建良接手试掘工作。次日，因为文化层往南延伸，赵晔将探沟向南扩展了 5 米。数日后，探沟南部清理出两排东西向分布的木桩。为了探明更南部有无木桩分布，9 月 7 日，探沟再度向南延长了 5 米，此时探沟（T1）长度变成了 2 米 × 20 米（图 1-3）。

由于探沟南部发现的木桩均深埋在淤泥中，而淤泥中夹杂有大量陶片，征得曹锦炎所长同意后，决定扩大试掘面积，并增加了技工郭黎辉。

为了追索淤泥中散落的陶片在何处消失，9 月 20 日，T1 南部再布一条南北向 2 米 × 5 米的探沟 T2，两者相隔 2 米。为了探寻木桩的延伸和分布情况，从 9 月 24 日至 11 月 6 日，顺着长探沟 T1 内木桩的走向，先后向东布 T3，向西布 T4。T3 初为东西向 4 米 × 8 米，后向南扩了 1 米，最后扩成了 9 米 × 9 米的整方。T4 则先按照 T3 在 5 米 × 8 米时

1. 试掘环境

2. 试掘 T1 场景

图 1-3　试掘

的 5 米宽度对应向西扩展 4 米，后又西扩了 2 米，最后也扩成了 9 米×
9 米的整方。长探沟 T1 的南半部被设置在 T4 内东部，紧贴东隔梁。

　　11 月 26 日，T3 北部开挖东西向 5 米×9 米的 T5。12 月 1 日，T4 北
部开挖东西向 5 米×9 米的 T6。考虑到 T6 将进一步往北扩成整方，长
探沟 T1 的北半部也落在了 T6 内东部并紧贴东隔梁，分别纳入 T4 和 T6
的长探沟 T1 此时取消了编号。11 月 28 日，T3 南部开挖东西向 6 米×

9米的探方，T1的编号遂挪用到了这里。至此，先后布设的探方（沟）已有6个，2002年实际揭露面积合计为320多平方米（图1-4）。

扩大试掘面积后发现，木桩继续向两边延伸，并且不止两排。最初认为这些木桩可能是遗址边缘的围护桩，类似的情况在良渚庙前、茅庵里等遗址也曾遇到过。木桩周围都是青灰色淤泥，显然为水相沉积。淤

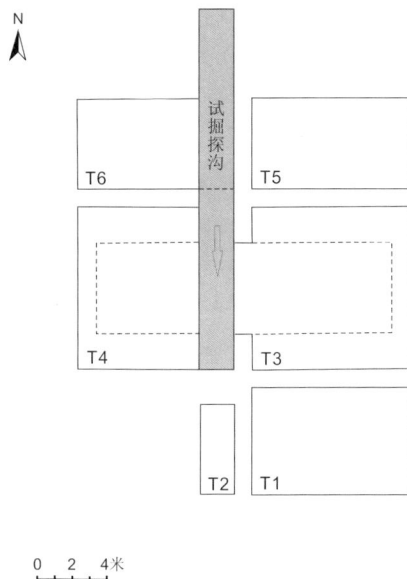

图1-4　2002年卞家山遗址试掘探方（沟）布局图

泥中包含大量的良渚文化遗物，以鲜亮的黑皮陶片为主，还有一些石器、玉器、骨器等生产、生活和装饰物品。这些遗物应该是良渚先民在水边活动时不慎遗落或作为垃圾丢弃的。进一步调查后发现，土丘南部的农田乃至 104 国道以南直至大雄山、大观山丘陵北麓的大范围农田低地，表土下都是探铲打不到底的水相淤积层，说明这一区域在古代曾是一片广袤的水域。如此一来，卞家山就处在了良渚遗址群的南缘，其南部临水的坡岸有护堤和遗物沉没自然十分正常。后来又探知，厂区东部围墙外也有木桩延伸，可知遗址南侧的木桩分布有相当的长度。

以上信息足以反映卞家山非同寻常的地理位置和特殊保存条件，正式发掘已势在必行。2003 年 2 月 14 日，曹锦炎所长特地召集了牟永抗、王明达、刘军、徐新民、刘斌、芮国耀、丁品、蒋卫东、方向明、王宁远等所里的老专家和同仁，到卞家山试掘现场考察，然后到吴家埠工作站商讨遗址的性质和下一步的工作计划。

三 第一次发掘

2003 年 2 月 26 日，卞家山遗址的正式发掘拉开序幕。领队为赵晔，主要成员有葛建良和郭黎辉，方中华参与了前段 10 多天的考古工作，后期陈武作为实习技工也加入了发掘队伍。根据专家们的意见和工地的实际情况，考古队制定了三个目标：一是探明厂区里约 10 亩空地内的遗址堆积过程；二是了解木桩的分布及性质；三是搞清遗址主体与南部水域的层位关系。为此，最快捷的办法就是开挖南北向的长探沟。

经过几天的抽水和除草，试掘区被重新清理干净。但是北部一大堆挖掘挑出的松土给布设长探沟造成了障碍。于是，考古队一方面安排民工加紧搬掉这堆松土，另一方面先将 T5 和 T6 向北扩成整方，同时增派民工挖取扩方部分的表土。

3 月 10 日，以长探沟（原 T1）为轴线和起点，依次往北布下 TG1、TG2、TG3、TG4 四条探沟。探沟宽度同为 2 米，考虑到所有探沟最后都可能被纳入探方，所以每条探沟长度都以 10 米为限。又探测到地下的堆积较厚，安全起见探沟之间暂留 2 米的间隔，故这些探沟最初的面积均为 2 米×8 米。次日，TG4 北部再添一条 TG5，从而将遗址隆起部分全部置于纵向解剖范围（图 1-5）。接着，又在 T2 整方区间以南开挖同一轴向的 TG6 和 TG7，意欲了解遗址南部的淤积层情况。新布探沟的长宽和间距，与前面的探沟保持一致。由于 TG5 以北已近北围墙，TG7 以南已近南围墙，纵向探沟至此布设完成。

在一部分民工挖掘探沟的同时，另一部分民工在清理试掘区内的木桩遗迹。为了探明木桩往西的延续情况，3 月 25 日，T4 西侧开挖 5 米×8 米的 T4′。5 月底，T4 清理出由台地向水域伸展、成束、南北向排列的木桩，疑为码头遗迹。6 月 4 日，顺着南北向木桩的走向，T4 向南扩

图 1-5　台地解剖沟

方 4 米×7 米。扩方部分恰在 T2 的整方区间，因未与 T2 连通，编号为
T2′（图 1-6:2）。

　　就在 T4′ 开挖的同一天，TG4 南部发现一件竖立的陶鼎，颇似墓
葬之物。考古队随即打掉 TG4 和 TG3 之间的 2 米隔梁，于 3 月 28 日确
认为墓葬并予以清理，编号 M1。为了寻找墓葬并探究墓地的范围，从
4 月 7 日开始，以 M1 为节点，先后布下了东西向同轴的 TG8、TG9、
TG10 三条探沟。这些探沟最初都是 2 米宽，长度 6 米或 9 米，后来为了
寻墓不同程度地进行了扩方。至 5 月 1 日，第 5 座墓葬清理完毕，TG8、
TG9、TG10 三条探沟已连成一体，其中 TG10 的宽度达到了 4 米。此后
东西向探沟不再扩方，墓葬的找寻和清理也告一段落（图 1-6:1）。

　　5 月 10 日，TG2 的南半部和 TG1 的北半部分别西扩成 5 米×9 米的
T10 和 T8，同时往东对应地布设 5 米×9 米的 T9 和 T7。6 月 7 日，T7
和 T8 南扩整方。至此，2003 年的发掘范围基本锁定，实际揭露面积
为 855 平方米（图 1-7）。发掘期间，本所科技室主任郑云飞博士也多次
到发掘现场采集土样、淘洗植物标本，并获得了大量有机质遗存。

　　长探沟的开掘使遗址的堆积过程清晰起来，大致的情况是：北部为
良渚中期至晚期的墓地，中部为良渚中晚期的大型灰沟，南部为良渚晚
期的活动区及大型木构遗存；遗址整体由北往南扩展，延续时间较长。
土丘南侧农田下有一层厚约 50 厘米的纯净黄色粉土覆压遗址，水平层

1. 2003 年北部发掘区

2. 2003 年南部发掘区

图 1-6　2003 年发掘场景

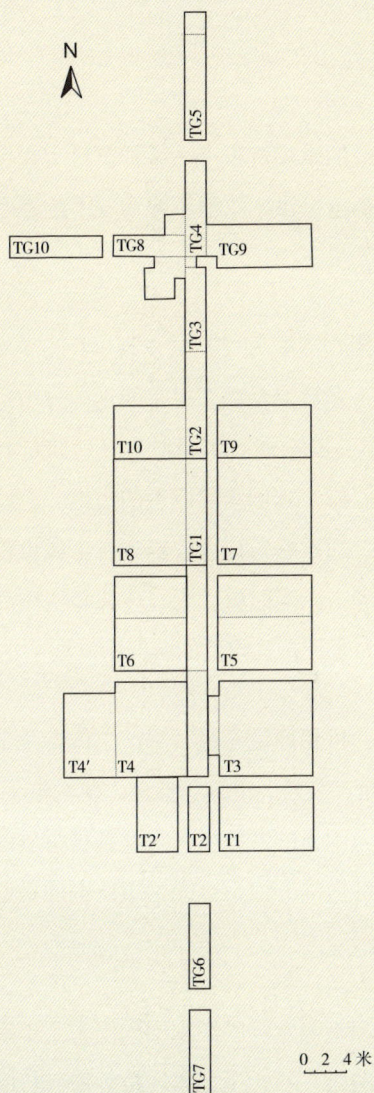

图 1-7　2003 年卞家山遗址探方（沟）分布图

理明显，应为水侵造成的水相沉积——这种黄粉土在良渚遗址上普遍存在，有古环境专家分析这是洪水排泄不畅情况下的静水沉积，可能与良渚文化的衰亡有一定关系。

南部发掘区 T3、T4、T4′ 及 T2′ 共发现 140 多个木桩，这些木桩被楔在遗址南侧的岸边，多数沿着堤岸呈东西走向分布，还有约三分之一的木桩成束布置在宽约 0.8 米的区间，从陆岸径直伸向水中，长度达 10 米。沿岸的木桩大致分成三排，它们紧邻岸边的台地，应该是水边埠头的桩基（图 1-8）。伸向水中的木桩匀称且较粗大，个体也较长，据其排列特征应为栈桥的桩基。考古队当时就认为，埠头和栈桥合起来构成了 L 形分布的木构码头。作为旁征，其附近的淤泥中发现了木桨。

码头北部的岸上，堆积厚度超过 3 米，主体为两个先后叠压的人工土台，上部发现有房址、灰坑、灰沟等遗迹。灰沟位于墓地与土台之间，填土呈灰黑色，下部为明显的淤积土，内含各种材质的大量器物。南部的码头则叠压在一个红色的土台上，无论层位上还是遗物特征上，都表明这已是最晚的遗迹。

本次发掘从灰沟和南侧水滨的淤积层内出土了丰富的器物。陶器残片数以万计，经编号的陶、石、玉、木、骨、漆、竹制品等各类文物近500 件，另采集到大量动物骨骼和有机质残骸。陶器中有较多良渚晚期的素面侧扁鼎足。很多黑衣陶光亮如新，外表或黝黑，或铅亮，有的还

图 1-8　2003 年清理码头遗迹现场

刻有精美的纹饰或符号。最让人惊喜的是，挖到了一个带气窗的陶质屋顶模型，它为我们研究良渚时期的建筑形式提供了重要参考。还有一件四足带漏孔的方槽形陶质容器，造型十分特殊，貌似现代的烧烤炉。

四　曾经的保护构想

木构码头遗迹是一个具有填补空白意义的重要发现。2003 年 6 月，当卞家山码头遗迹揭示出来之后，有专家提出应该做现场保护和展示。

时任良渚遗址管委会主任张炳火同志对这一建议十分重视，他希望以卞家山为示范，把良渚遗址群的保护工作推上一个新的台阶。为此，张主任做了两件事：

第一，与瓶窑镇的领导协商置换厂方土地的方案，争取让厂家搬离遗址区。在当时的瓶窑镇党委书记姚建华同志的支持下，已达成初步的置换意见。

第二，召集考古和文保方面的专家论证现场保护的必要性和可行性。时任浙江省文物考古研究所所长的曹锦炎同志积极配合。

论证会于 2003 年 6 月 25 日下午在良渚遗址管委会三楼会议室举行，受邀人员有省文物局副局长陈文锦、文物处处长吴志强，省考古所所长曹锦炎，古建筑设计研究院副院长王滋，老专家牟永抗和王明达，省考古所考古一室主任刘斌等。遗憾的是，论证的结果是投入巨大，且尚无成功先例。确实，有机质遗存的现场保护是个世界性难题，尤其在地下水位很高的江南地区，要为如此庞大的木质遗存构建一个有效的隔水环境，谁都心中无底。

考虑到保护效果和投入经费的不确定性，现场保护和展示的设想最终没有付诸实施。与此同时，省文物局否决了厂方的建房申请。当年 12 月，曹所长吩咐领队赵晔将卞家山发现的木桩全部提取，存放到良渚文化博物馆专门定做的水池里，同时将发掘区用黄沙铺垫后予以回填（图 1-9）。

图 1-9　提取的木桩

五　第二次发掘

事情似乎到此已经结束。不料曹锦炎所长在全国考古所长会议上对卞家山遗址的介绍，引起了与会领导和专家的极大关注，这也重新燃起了曹所长对卞家山遗址进一步发掘的工作热情。在他看来，从保存环境较好的淤泥中再搜寻出一些从未见过的遗物，诸如成组的刻画符号、陶质房屋模型的缺损部分等，也许能解开令学术界困惑的某些谜团。

2004 年 3 月 16 日至 7 月 7 日，卞家山遗址进行了第二次发掘。依旧由赵晔领队，主力队员为陕西籍技工刘福刚和郑卓华，葛建良参加了

图 1-10　2004 年揭露红土台

前半个月的考古发掘。此次发掘的目标很明确，即确认大型灰沟的走向，了解其堆积状况，同时获取更多的珍稀文物。因此在揭露出分布在 T7 和 T8 的红土台之后（图 1-10），发掘范围被控制在灰沟分布的 T7 北半部及 T9 南半部、T8 北半部及 T10 南半部，揭露面积从起初的 300 平方米减缩至 200 平方米（图 1-11）。

果不其然，这次发掘又出土了一批罕见的精美文物，其中有朱绘变

N

T17	T16	T15	T15′
T20	T19	T14	T13	T13′
T22	T21	T12	T11	T11′
T24	T23	T10	T9	T9′
T26	T25	T8	T7	T7′

▭ 2004年发掘区

0　2　4米

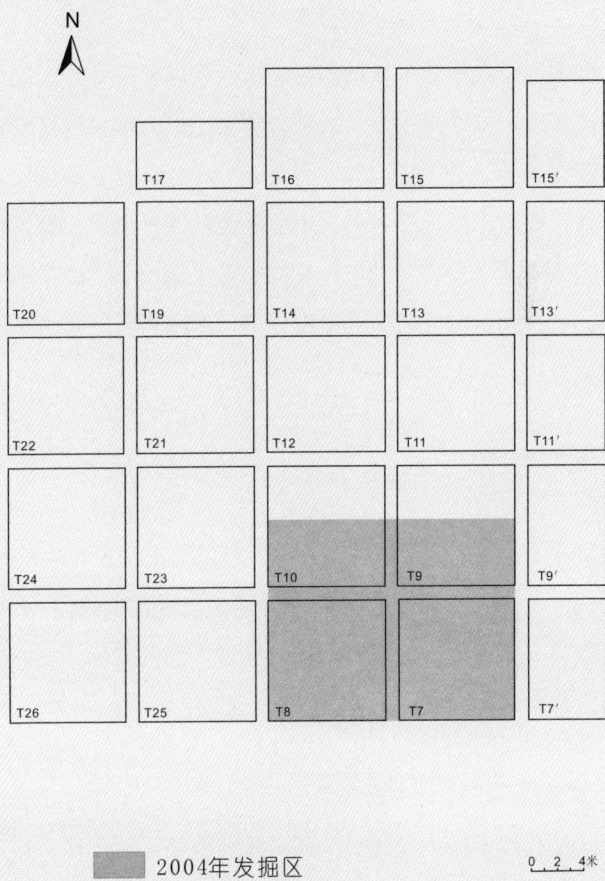

图 1-11　2004—2005 年卞家山遗址探方分布图

形鸟纹的椭圆形绘纹糅漆木质残器盖、鹰脸陶质器盖等。一批刻画各种符号的黑皮陶片也陆续被发现。大部分器物出自大型灰沟之中，初步探明灰沟宽度约 10 米，深度近 2 米。然而灰沟的走向还在继续向东、西两边延伸，并且在沿岸出现了木桩夹带竹篱笆的围护遗迹。是否将灰沟的全貌揭示出来，或至少将灰沟与码头的关系了解一下，成了下一步要考虑的目标。可是因另有更紧迫的发掘任务，曹所长只好暂时打消了继续发掘的念头。

六　第三次发掘

转眼到了 2005 年，良渚遗址管委会为了给正在建设中的良渚文化博物馆新馆（2008 年建成开放，随即更名为"良渚博物院"）引进文物展品，希望省考古所对中联厂留用的厂区做全面的发掘，发掘经费由管委会筹措。曹所长考虑再三，同意了这个建议。

2005 年 3 月 30 日，以赵晔为首的考古队开始了对卞家山遗址的第三次发掘，队员有本地技工葛建良，还有陕西籍技工孟小玲、祁自立、张淑云和侯虎勤。原计划上半年完成发掘任务，后因墓地规模较大，灰沟也体量巨大，遂于 8 月 7 日至 9 月 7 日避暑停工一个月后，下半年继续进行发掘。良渚文化博物馆派出新分配的大学生孙海波到卞家山工地参加野外实习。郑云飞博士继续不定时到工地采集土样和有机质标本，8 月

图 1-12　淘洗有机质遗存

之后还带领新分配到科技室的陈旭高一同来工地淘洗和采样（图 1-12）。

　　这次发掘的重点自然移到了厂区北部，一方面要对墓地进行彻底的了解和清理，另一方面要对灰沟进行一个全面的揭露。发掘顺序由北而南，揭露面积共计约 2000 平方米（部分为前两次发掘区的下部堆积）（图 1-13）。

　　停工大半年后，工地上已杂草丛生，积水蓄满探方（沟）。各探方（沟）

图 1-13 2005 年发掘场景

边壁出现不同程度的坍塌，探方（沟）积水内甚至发现了龙虾、黄鳝和鲫鱼。在抽水、清除杂草和淤泥的同时，发掘区北部布下了 T11—T24 第一批 10 米×10 米的探方。2005 年 4 月 5 日，T14 发现本次发掘的第一座墓葬，编号 M6（延续前 5 座墓葬编号）。此后不断有墓葬被发现和清理，墓葬分布的密度也渐渐增大起来。大部分墓葬集中在 T11—T16，并有向东分布的趋势，为此，又先后向东增开了 T15′、T13′、T11′ 三个 6 米宽的探方。6 月上旬，在 T15 北隔梁及其附近清理出两座人体骨架保存较好的墓葬 M44 和 M49，先后灌注石膏做了整体提取。

6 月 14 日，墓葬清理到 M50 之后，工作重心向南移到了灰沟分布区，先在 T8、T10 西侧布了 T23—T26 四个 10 米×10 米探方，后又在 T7 和 T9 东部扩布了 T7′ 和 T9′ 两个 6 米宽的探方。令人诧异的是，在大型灰沟的上部及周围，还分布着一些较北部墓地更晚的墓葬。其中 M61 的葬具由上下两块弧形木板相扣而成，因木质纤维保存较好也被整体提取。

发掘后获知，北部的墓地由人工堆土形成，并经过几次堆扩，扩展方向也大抵由北往南。从 M6 开始，又清理出了 61 座墓葬，随葬品合计 400 多件。这批墓葬中有一个非常奇特的现象：有一半墓葬的头向朝北，这在之前发掘的良渚文化墓葬中极为罕见。之前的墓葬一般头向朝南，此处大量出现朝北的墓例，很可能反映了男女性别的差异，因为代表女性的陶纺轮都见于朝北的墓，代表男性的石钺几乎都见于朝南的墓。

大型灰沟的揭露较为复杂，原因是有晚期沟破坏了它边沿的开口层位。通过与墓地及多个土台的间接层位关系分析，最终确认灰沟分为两条。因为分布范围及走向基本一致，也可认作是先后两个阶段的灰沟。上部 G1 的面积明显较下部的 G2 要小，体现了一个不断淤积的过程。这两条大型的灰沟均呈矩尺形，自东向西再折向南汇入南部水域，因此是港湾式的灰沟。G1 宽度 10 多米，岸边有护坡的竹篱笆及木桩。G2 在 G1 下部，范围更大，也有护坡的竹篱笆和木桩，且保存状况更好。两条灰沟北坡分别设有用石块铺垫的埠头，其中 G2 埠头周围堆积着大量食用后丢弃的螺蛳壳、蛏子壳、蛤壳等水生贝类的壳，其中还夹杂着鱼骨的残骸。灰沟与南部水域之间用人工土台分割，基础部分以草类编织物包裹的纯净土块层层铺叠，显示了考究的堆筑技术（图 1-14）。这种草编包

1. 草裹泥标本　　　　　　　　　2. 草裹泥剥离一层后的坑洼状态

图 1-14　草裹泥堆积

裹的土块后来在良渚水坝和莫角山宫殿区堆土中被大量发现，并被冠之以"草裹泥"。

　　10 月底，灰沟上部的两个土台揭露完毕。从 11 月开始，全面清理两条大型灰沟（图 1-15）。11 月 23 日，T25 灰沟淤积层内发现 3 块漆器残片，拼合为同一漆觚个体，长约 26 厘米。此器为木胎髹朱漆，束腰敞口，器身还雕凿有两组螺旋式的突旋纹，这是良渚文化考古史上第一次发现漆觚，也是史前考古史上保存最好的漆器实物之一。令人振奋的是，这样的漆觚后来又发现了多个，其中有一件漆觚的两组突弦纹内，用红漆线填以黑漆描画着变形的云纹，其造型和纹饰风格与商周时期的青铜觚十分相似。至发掘结束，共出土了 8 个个体的漆觚残片。众多漆觚实物

图 1-15　灰沟发掘场景

的出土，也使墓葬内喇叭形漆器痕迹的器形得以确认。据此审视之前清理的墓葬，发现至少有 8 座墓葬的漆器痕迹可判定为漆觚。椭圆形筒形漆器也为首次发现，这是由一块整木挖凿而成的容器，口部削敛，外面涂饰朱漆，厚厚的底部有一圈黑漆。漆盘、漆豆等均可以修复完整，造型与陶质同类器十分接近。回顾 2003 年出土的木桨、木插、木槌、木盘、木屐、木陀螺、复杂木构件等大量木器，以及 2004 年出土的彩绘漆器残盖，很显然，漆木器的大量发现是卞家山遗址又一个极为重要的考古成果（图 1-16）。

图 1-16　漆觚出土及清洗后状态

　　经分析，矩尺形的大型灰沟可能是供船舶停靠的人工港湾。灰沟靠近南部水域的 T25，出土的器物特别多。其中有长 2 米多，直径达 80 厘米的巨型木墩，两侧各有一对牛鼻孔，重达千余斤，很难将它视作夯具，有专家推测它是用来拴船的巨锚。另外还发现了建筑物倒塌的堆积，在大约 20 平方米的范围内，散落着竹席、长方形的穿孔木板、梭形穿孔木器、存留木棍的木骨泥墙残块，等等。加上 2003 年发现的带四个气窗的陶质房屋模型，这些遗物成了我们研究良渚文化建筑形态的重要实物资料。更令人惊讶的是，在这片建筑物废弃堆积旁，还发现了一个用人头盖骨制作的容器，貌似藏区的噶布拉碗，两头各有一对穿孔，似可以系绳提拎（图 1-17）。

图 1-17 头盖骨容器出土状况

七 人骨架和墓葬的整体提取

考古发掘中遇到重要的文物要考虑整体打包提取，然后运到室内进行保护处理，有需要时也可以作为博物馆的展陈物品。2005 年 6 月，卞家山 M44 和 M49 先后被清理出来。这两座墓的墓坑都很小，几乎没有随葬品，但人骨架保存较完整，骨骼轮廓清晰。考古队在征求良渚文化博物馆（即良渚博物院的前身）的意见后，决定将两副人骨架进行整体提取，然后送博物馆进行保护处理，留待博物馆新馆开馆时陈列之用。

因为以前没有做过这样大体量的提取工作，为了确保至少有一例成功，我们决定先以保存稍差的 M44 做试验。根据以往提取小物件的经验，我们先在人骨架周围挖槽，在槽内浇注石膏形成保护膜，再将石膏外面挖空。在人骨架下面留 20 厘米厚的泥土托底，然后将下面逐步掏空，依次插入木板。当底部全部插入木板后，再局部掏空插入承重的方木。数根方木插入后掏空整个底部，将人骨架移出原位。但吊运时出了问题，因为拖拉机不能开到墓坑边，所以从探方到车上用了 8 个民工绳吊肩扛，就在跨越探方壁的过程中，人骨架折断散架了，由此导致提取的失败。

总结教训后，我们在提取 M49 时做了改进：

1. 先把人骨架外面整个掏空，然后支起木板围成一个方槽，再将石膏注入，石膏硬结后木板就固定在外面；

2. 底部掏空后插入的木板和方木增加了厚度；

3. 降低探方壁，以免人工搬运过程中受到擦碰损伤。

做了这些之后，我们顺利提取了 M49 的人骨架，加上路上车辆行驶缓慢，到良渚文化博物馆后小心轻放，最终完好地将其放到了预定的位置（图 1-18:1）。

之后，良渚文化博物馆在良渚遗址管委会的支持下，邀请杭州市化工研究所的周文龙工程师对人骨架进行化学保护。经过一年多的保护处理，取得了理想的效果。

升格后的良渚博物院在布展过程中，又请中国刑警学院著名刑事相貌专家赵成文教授，对 M49 这具女性人骨的头骨进行头像复原，再现

1. M49 人骨架　　　　　　　　　　　　　　　2. M61 全貌

图 1-18　M49 和 M61 出土样貌

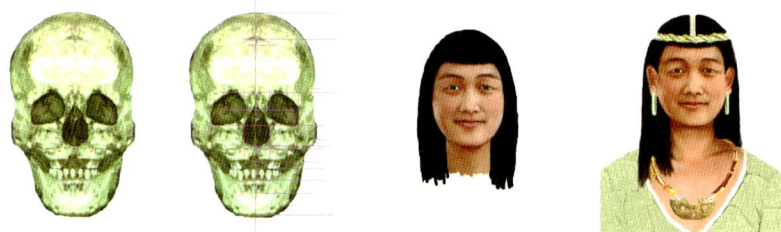

图 1-19　人像复原图

了墓主生前的容貌。最终，经过化学处理的 M49 人骨架和复原的女性头像一起，陈列在博物院第二展厅（图 1-19）。

2005 年 9 月，M61 被清理出来。这座墓虽然规格不高，但保存良好，葬具的木质纹理清晰可辨。在征得良渚文化博物馆的同意之后，我们打算将这座墓也做整体提取。

相较于 M44 和 M49 的单一人骨架，M61 要复杂得多，体量也要大很多。考虑到展示的需要，我们在野外清理时就做了适当保留。先将葬具的盖板揭开，发现隆弧的盖板中间已经折陷，盖板两头还有木质挡板。为了呈现葬具的结构，我们决定清理一半留下一半。但曾纠结过，是清理南半部还是北半部。我们当然希望清理墓主上半身，因为较贵重的器物通常都放置在头部和胸部。按理，一般的良渚墓头都朝南，挖南半部即可，但卞家山这个墓地较为特殊，朝北的墓向也很多。最后我们还是想碰运气挖南半部，结果挖到的却是墓主下半身。好在下半身有两件陶器、两件小玉器和一个陶纺轮，还有一件隐约可辨的漆觚。这些器物足以体现一座平民墓葬的随葬品配置，而且纺轮和漆觚的存在，表明此墓为女性墓的可能性极大。

南半部清理后，墓主的腿骨痕迹尚存，葬具底板的木质纹理也如盖板一样清晰可辨。至此，一个有墓坑、有葬具盖板和底板、有随葬品、有残肢骨的墓葬，生动地展现在了我们面前（图 1-18:2）。将这样的实物放到博物馆陈列，一定能吸引不少观众的眼球。这样的墓葬值得花代价提取和保护。

提取前我们估算了此墓的体积和重量。M61 长为 220 厘米、宽 70 厘米、深 60 厘米，加上需要足够的泥土厚度支撑，提取时的体积大约有 3 立方米，这就意味着重量可达数吨。由于墓坑的体积和重量远大于 M44 和 M49 的人骨架，这次我们打算请专业机构进行提取。经联系，良渚文化博物馆邀请南京博物院的文物保护研究所来做此墓的提取工作。

南京博物院奚三彩副院长和张金萍副所长到现场考察后，接受了这项任务。经过充分准备，当年 11 月底对 M61 实施了提取工作。为了控制重量，工作人员在坑壁外只留 20 厘米泥土，然后将外面掏空。随后将外壁铲平铲光，护上相应尺寸的木板形成套箱，再将墓坑用膨胀泡沫

1

2

3

4

5

6

图 1-20 墓葬提取

填满。之后将底部掏空插入木板和方木，待顶部用木板扣好后，再用角铁和钢筋将整个木质套箱箍死，然后调来起重机把包扎好的墓坑吊至卡车上。运到博物馆后，再用吊车将包扎好的墓坑放到指定位置（图1-20）。

提取工作结束后，化学保护的工作仍交由杭州市化工研究所的周文龙工程师来处理。为了使墓葬不再继续风化和腐烂，能够在博物馆展厅中长期保存和展示，周工和其助手吴锦清对墓葬的坑壁土壤、葬具木板、人骨架以及随葬品分别进行了防腐、加固和封存保护等技术处理。处理过程中还多次邀请发掘者到现场观摩，根据发掘者提供的墓葬信息做了多次改进，从而保证了墓葬坑壁、棺木、人骨架及随葬品的合理色泽和质感。经过一年多的努力，墓坑的保护取得了预期的效果。

2008年良渚博物院布展时，M61被安排在第三展厅，作为小型墓的一个典型墓例，用实物的形式向公众展示。2018年良渚博物院改陈后，M61仍被安置在第三展厅，作为墓葬等级的一个对比案例。

八　主要收获

经过多次发掘，卞家山遗址的揭露总面积已达2600平方米，发现和清理了良渚文化时期的家族墓地、港湾式大型灰沟、水滨码头等重要遗迹，出土了数量庞大的各类器物，其中有很多是精品和罕见品，较全面地反映了良渚文化中期至晚期延续时间颇长的一处大型聚落遗址的文化面貌。归纳起来，卞家山遗址的考古发掘主要有如下收获。

（1）首次发现了良渚时期由岸边埠头和外凸栈桥组成的木构码头。码头尤其是木构码头在中国史前考古发掘中极为罕见，这一发现具有突破性的重要意义。

（2）首次发现了漆觚这个器种（良渚文化没有陶觚），还发现了跟陶器造型基本一致的漆豆、漆盘和漆盆；加上筒形漆杯、彩绘糅漆器盖，漆器数量共计约30件。另外，木器的数量和种类更加丰富。由此反映的良渚时期漆木器应用范围和制作技术水平，大大超出了原有认知。

（3）发现了相对独立且较完整的家族墓地，墓地延续时间很长，并经历了四个时段的变迁，为研究良渚古城地区普通墓地提供了一个良好样本。

（4）港湾式的大型灰沟十分奇特，岸边有竹编护堤和埠头，既可停泊舟船，也是与日常生活紧密相关的大型人工水域，是史前聚落中极为特殊的公共设施。

（5）灰沟和码头淤积土中的实用陶器数量庞大，保存较好，品类丰富，较为全面地反映了良渚社会各类生活用品的使用状况。

（6）陶器中发现数以百计的刻画符号，有的具象，有的抽象。尽管我们暂时无法释读其内涵，但它必定是良渚先民信息交流的一种方式。陶器上还有大量的装饰纹样，体现了良渚先民的精神追求和审美情趣。

（7）发现了陶质房屋模型、四足方槽形陶器、头盖骨容器等有重要学术价值的罕见品，为我们洞察良渚社会的某些普遍现象和特殊现象提供了重要线索。

（8）在灰沟南侧、码头北侧的土台基础部分，发现了密实的草裹泥堆积。这应该是良渚遗址中首次发现明确的草裹泥结构。这种草裹泥堆积后来在良渚水坝和莫角山宫殿区的台基中被大量发现，从而被确认为是良渚先民首创的模块化建筑材料，具有制作容易、堆放轻松、运输方便、安装快捷等诸多优点。

2006年1月17日，卞家山遗址的野外考古发掘宣告结束（图1-21）。相对于长约1千米的遗址规模，考古发掘所揭露的只是很小一部分，对于整个遗址来说，我们依然知之甚少。但揭露部分已给我们诸多惊喜，其余部分一定还有更大的惊喜等待我们去揭示。

卞家山遗址考古工作取得重大收获后，许多领导和专家到发掘现场进行考察和指导。2006年1月11日，时任国家文物局文物保护司司长顾玉才，在浙江省文物局鲍贤伦局长和良渚遗址管委会张炳火主任的陪同下，考察了卞家山遗址。顾司长对卞家山的码头遗迹十分重视，认为它是世界水运史上的一个先例，应予以全面保护；从申遗的角度，也应该予以重点保护和展示。

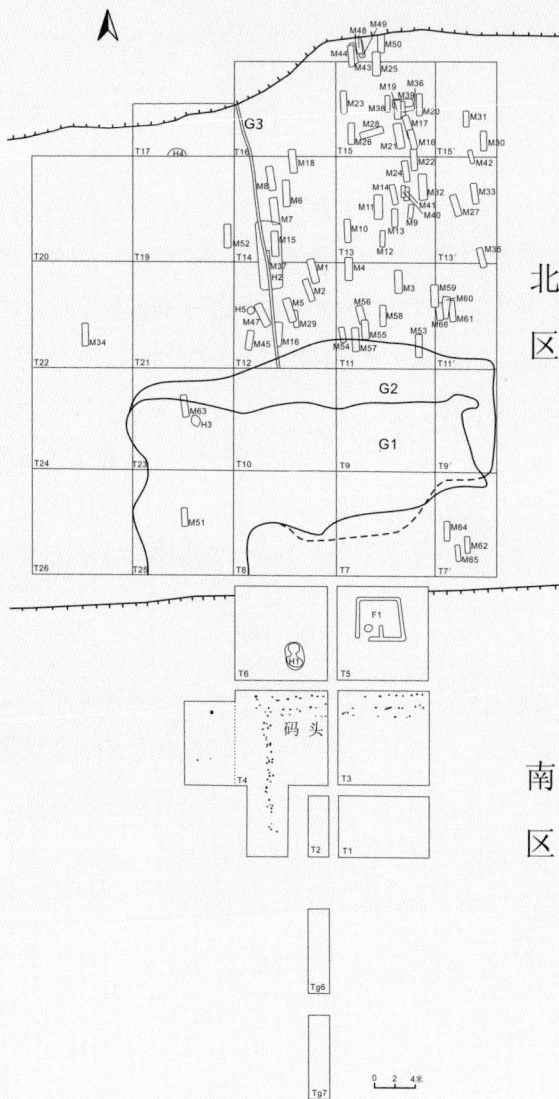

图 1-21　卞家山遗址遗迹总平面图

第
二
章

生活遗迹

　　卞家山遗址是一个相对独立且基本完整的史前聚落，主体为东西向隆起的长条形高地，长约 1 千米。发掘区只占遗址西部一小部分，相当于在遗址西部做了一个南北向的大切面，考古发掘只是读取了这段切面的古代信息。因此，它所反映的遗址内涵只是整个遗址的一小部分，距离揭示卞家山遗址的完整面貌还相去甚远。尽管如此，卞家山揭示的部分却具有很强的代表性，例如港湾式灰沟和木构码头遗迹，可能都是当时很常见甚至必备的生活设施。另外也有一些零星的居住遗迹或线索。

一 港 湾

经过分析，卞家山发掘区北部的墓地在形成和使用了一段时间后，在其东部出现了疑似居住区，在其南部堆筑了台Ⅲ。居住区、台Ⅲ与墓地之间产生的空间，奠定了港湾式灰沟的基本轮廓。灰沟西南端与外围的水域相通，东端则封闭，这种形态颇似人工建构的河浜，最初很可能是用来泊船的港湾。舟船置身其中，既便于看护，也能在恶劣气候下减少损坏。灰沟西部曾出土过一个巨大的木墩，下粗上细，底径80厘米，高约2米，边上有两个人工开凿的牛鼻孔（图2-1:1）。考古人员初步推测是一个巨大的夯具，但因为体量过大、分量过重，作为夯具的可能性似乎不大。上海博物馆原副馆长黄宣佩先生（已故）观摩后提出，它可能是设在岸边用来拴船的，这种说法似乎较为合理。

这处灰沟延续了很长时间，先后经历过两个阶段，发掘中将其分别编号为 G1 和 G2。G1 先挖到，在上面，G2 后挖到，故在下面。虽然 G1 和 G2 的走向完全一致——均呈矩尺形，自东向西再折向南汇入南部水域——但上部的 G1 明显较下部的 G2 面积要小，这正好体现了不断淤积的过程（图2-2）。G1 宽 10 多米，岸边立有护坡的竹篱笆，由成排的木桩顶着（图 2-3:2）。G2 在 G1 下部，范围更大，也有木桩支撑的竹篱笆护坡，且保存状况更好（图 2-3:4）。

两条灰沟北坡分别设有用石块铺垫的埠头，其中 G2 埠头的周围堆

1. G2 ② B:200 大型木墩

2. 灰沟内的食物垃圾

3. 灰沟内建筑垃圾

4. 黑皮陶豆出土时十分鲜亮

图 2-1　灰沟内的沉积物

积着大量食用后抛弃的螺蛳壳、蛏子壳、蚌壳等水生贝类的壳，其中还夹杂着鱼骨的残骸（图 2-1:2）。G2 的岸边发现三处残存的竹篱笆，应该是曾经的护堤，意在最大限度地保证舟船活动的空间，减缓沟内淤积的速度。

1. 卞家山 G1

2. 卞家山 G2

图 2-2 卞家山大型灰沟全景

1. G1 河埠头

2. G1 竹篱笆

3. G2 河埠头

4. G2 竹篱笆

图 2-3　灰沟内的设施

　　早期的 G2 不光用来泊船，还是日常生活的用水之地。G2 东部北坡
两处埠头（埠头 C、埠头 D）的存在，说明灰沟东部是人们洗刷食物和器
皿的场所，这也反证了东部存在着居住区的事实（图 2-3:3）。当然，贪
图方便的先民也在灰沟东端倾倒生活垃圾，使灰沟逐渐向内淤塞。

随着墓地的更迭扩展和滨水码头的兴建，G2 的上部重新被疏浚出一条宽度小于原来的灰沟，即 G1。但 G1 内由木桩和竹篱笆防护的水道宽仅 3～6 米，它的底部也未做太多的清淤工作，甚至 G2 废弃时在西南部倾倒的建筑物垃圾也没有被清理出来。因此，作为舟船进出的港湾已不太现实。更重要的是，此时外侧水岸可能已建成了专门的木构码头，用灰沟来泊船似乎已无必要。从 G1 内众多木桩的排列方向和长度，以及局部的竹篱笆来判断，这时的 G1 可能主要用来养殖鱼类。同时北坡新出现两处埠头（埠头 A、埠头 B)，说明它依然是近旁村民洗刷的场所（图 2-3:1)。当然也免不了有生活垃圾继续由东往西倾倒，G1 东端沉积的大量螺蛳壳、蚌壳、草木灰、鱼骨等有机质遗存，几乎都是日常食物类生活垃圾。

两条灰沟的延续性还可以从几个埠头的位置和高度变化中反映出来。G2 时最早的埠头 D 位于东北角，它本身就经历了两个阶段：先是南北向阶梯状铺设石块，后来水位上升，又在木桩外侧铺设了东西向水平排列的石块。经过一段时间的淤积，埠头往西移动了数米，并在新埠头 C 的水面东端构筑了一排南北向的竹篱笆（篱笆 B)，目的是阻挡垃圾继续往内溢滑。G1 形成后，也出现过两个埠头。较早的埠头 B 在北坡中部，位置明显向沟内靠拢，地势较之 G2 时也有了较大上移。后来的埠头 A 再往西部和高处移动，说明沟内的淤积又有了明显增加。总之，灰沟向阳的北坡先后出现过四个埠头，它们的移动轨迹相当清晰，整体上从东部向西部迁移，由低处往高处后撤。这也间接反映了灰沟逐渐淤塞收缩的过程。

值得注意的是，沟内的堆积物是全方位的，东部以食物垃圾为主，中部和西部则为其他生活垃圾和建筑垃圾。总体上越往西南，沉积物的块体越大，如建筑物的垃圾大多位于西南部灰沟的出口位置。这或许跟西面居住区的建筑有关，从建筑废弃物来看，西面可能有过较大规模的公共建筑（图 2-1:3）。

港湾式灰沟内丰富而巨量的建筑垃圾和生活垃圾，对良渚先民来说是废弃之物，但考古工作者却如获至宝。要知道大部分木器和几乎所有的漆器均出自这两条灰沟，木漆器的数量之多、种类之丰、保存之好远超其他遗址。尤其是大部分漆器的器形为首次发现，不但制造技术超出我们的想象（如觚、豆、盘、筒形器等容器的胎壁匀薄程度接近陶器），还发现了具有楚风和商周韵味的精美漆绘纹样。同样令人惊叹的是，在缺氧恒湿的淤泥环境中，大量泥质黑皮陶表面如新，或黝黑或有金属般的铅光（图 2-1:4）。陶片上的刻画符号也数目繁多，很多具有原始文字的雏形。总之，这两条灰沟曾经具有泊船、养殖、洗刷等实用功能，最后成了收纳各种文物的聚宝盆。

二　码　头

港湾式灰沟淤塞之后，舟船无法进出，日常的货物和人员往来受到影响，于是卞家山古代先民在南部临水的岸边建起了一个正规码头。码头依托人工堆筑的坚实土台（台Ⅲ），由一大批排列有序的木桩和木构部件打入淤泥形成桩基，然后在上面架梁铺板。木质桩基主要分布于T3、T4、T2三个探方，揭露范围东西18米，南北14米。

三个探方共发现140多个木桩。多半木桩呈东西向分三排布列于岸边，其余木桩大部分呈南北向成组排列，由岸边伸向水域深处。东西向排列的木桩西端与南北向排列的木桩北端相交，构成一个角尺形分布的木桩群（图2-4）。

东西向排列的三排木桩行距在1米左右。除少数木桩保持直立状态外，多数木桩呈现不同程度的倾斜，倾斜的方向也不一致。紧贴岸边的第一排木桩（木桩Ⅰ）相对较规则整齐，木桩保存较多，仅在中段有一些木桩缺失。第二排木桩（木桩Ⅱ）和第三排木桩（木桩Ⅲ）则较稀疏，木桩缺失较多。木桩的缺失和凌乱可能是废弃后遭毁坏所致，外侧木桩的受损程度明显要大于内侧。作为岸边埠头的桩基，三排东西向木桩可铺设出宽约3米的使用平台。

南北向排列的木桩三五成群，丛状分布，延伸长度超过10米。每

图 2-4　码头遗迹全貌

丛宽度约 1 米，丛间距大多不足 1 米。木桩的这种布设方式，颇似木桥的桩基，但由于它一头连接沿岸的埠头，一头在水中中断，因此只能是一段外伸的栈桥。它与岸边的埠头共同组成了一个较具规模的码头，沿岸的埠头可以停靠较小的舟楫，而伸入水面栈桥的另一端，则可以停靠体量较大、吃水较深的船只（图 2-5:1、图 2-5:2）。

成排的木桩旁散落着一些木板、木桩、木块等，它们应是当时码头的部分构件。木桩附近还发现了木桨的成品和半成品，这也为码头的推论提供了佐证（图 2-5:3）。

除此之外，木桩分布区还发现五排竹篱笆，其中有四排呈南北向分布于南北向栈桥两旁，另一排篱笆则呈东西向位于东西向埠头木桩Ⅲ南侧。从保存较好的区段来看，这些篱笆排列整齐，竹竿匀称，竿径都在

1. 成排的码头木质桩基

2. 码头复原示意图

3. 码头区域出土的木桨

4. 成束的栈桥木质桩基

图 2-5　卞家山码头遗迹

2 厘米左右，竿与竿的间距 5～10 厘米，但互相之间看不出经过编缀，似乎是人工有目的地依次按一定间距打入。这些竹篱笆应该是码头废弃后才出现的，否则会影响舟船进出，而其用途可能是水产养殖的围栏。

　　总体而言，东西向埠头的三排木桩（包括南北向埠头最北面的一组木桩）的保存状况相对较差，长度较短，腐朽程度较重，并有较多干裂现象。南北向栈桥的木桩保存大多较好，外表光鲜，木质较硬，有的几乎得以完整保存。

　　据统计，东西向埠头的三排木桩直径相对较小（均值在 6.6 ～ 8.2 厘米），保存长度较短（均值 50 厘米左右）；南北向栈桥的成组木桩直径较粗（均值基本在 9 厘米以上），保存长度也较长（均值大多超过 80 厘米）（图 2-5:4）。这一现象表明，南北向栈桥由于入水较深、承受的木构架分量较重，所以需要选用较粗较长的木桩。

　　另据切片分析，码头桩基的材质有 30 多种，以白锥、柳树、樟树、榉树、长绿栎、麻栎等树种较常见，说明桩基对材质的要求并不高。大部分木桩直接用圆木削劈而成，细长，尖部呈多棱锥形，加工痕迹明显。个别木桩仅在一侧砍劈数刀，尖部较钝（图 2-6:4）。部分木桩的顶部还能看出打桩时留下的砸痕（图 2-6:8），有的则被砸击开裂（图 2-6:1）。木桩桩体多数较直，也有一些稍有弯曲（图 2-6:5、图 2-6:7）；有的有结疤，有的连树皮也未曾削去（图 2-6:3）。由此可以看出，作为桩基的木桩制作上要求并不是很高（图 2-6）。还有个别木桩利用其他木构件改制，如 Z107 原为带企口、突榫和卯孔的木构件，出土时与其他木桩一起斜插于淤泥中，可惜头部已朽，看不出是否被削尖。再

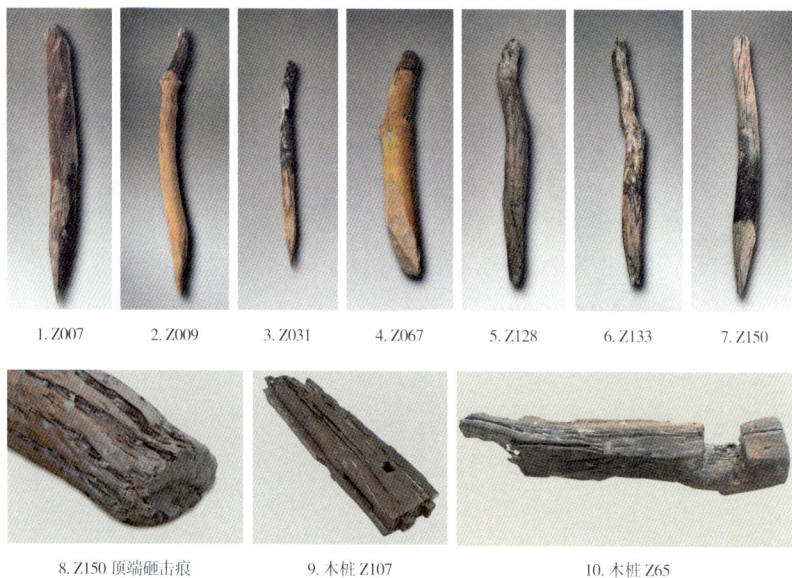

1. Z007 2. Z009 3. Z031 4. Z067 5. Z128 6. Z133 7. Z150

8. Z150 顶端砸击痕 9. 木桩 Z107 10. 木桩 Z65

图 2-6　卞家山木桩标本

如 Z65，也用了一块方形木构件，靠近顶部还有一个凹槽，但打入淤泥的头部似乎已被削尖。总之，岸边埠头的木质桩基似乎制作要求不高，还夹杂着一些废物利用后的木料；而外伸的栈桥则要求较高，均用较粗的原木削制，长度也根据水底深度的增加而增加。

三　居　址

发掘区未发现明确的居住区，但有线索指向墓地东部的厂区围墙之外，可能有一定规模的居住区。证据有三个：一是从大型灰沟东部断头、且倾倒着大量食用后丢弃的生活垃圾来看，厂区外的东部应该有居住址存在；二是发掘临结束时考古队在东部围墙边做了钻探，发现地下1米多深处有较厚的草木灰堆积，这跟居住生活也有一定关系；三是先前调查时在围墙外面的农家院子里，也发现了草木灰痕迹和红烧土块遗迹。综合分析判断，台地上的发掘区东部，应该是卞家山遗址的一个居住点。

另外，在大型灰沟西侧的淤积土中，发现了跟建筑相关的器物，比如散落的竹席、匾额状的长方形穿孔木板、梭形的穿孔木器、存留木棍的木骨泥墙残块等等，推测都应是附近建筑物废弃后向大型灰沟内抛撒的弃物。由此推断，发掘区西侧也应有过某种建筑，而且从规模来看，很可能是一处体量较大的公共建筑。

港湾式大型灰沟的南岸（也即码头北部的堤岸），其实是人工堆筑的土台（台Ⅲ），其基础部分用草裹泥堆筑，总厚度超过3米（图2-7）。形成过程可分为两个阶段。在第一个阶段的台面，发现有一处房址和一个灰坑。房址尚存大体闭合的长方形基槽，有隔墙和灶坑，面积约15平方米（图2-8:1）。灰坑呈"8"字形，位于房址西侧，铺填草木灰和含炭屑的粗砂质暗褐斑土，应是房屋使用时留下的遗迹（图2-8:2）。这座房

图 2-7　土台III

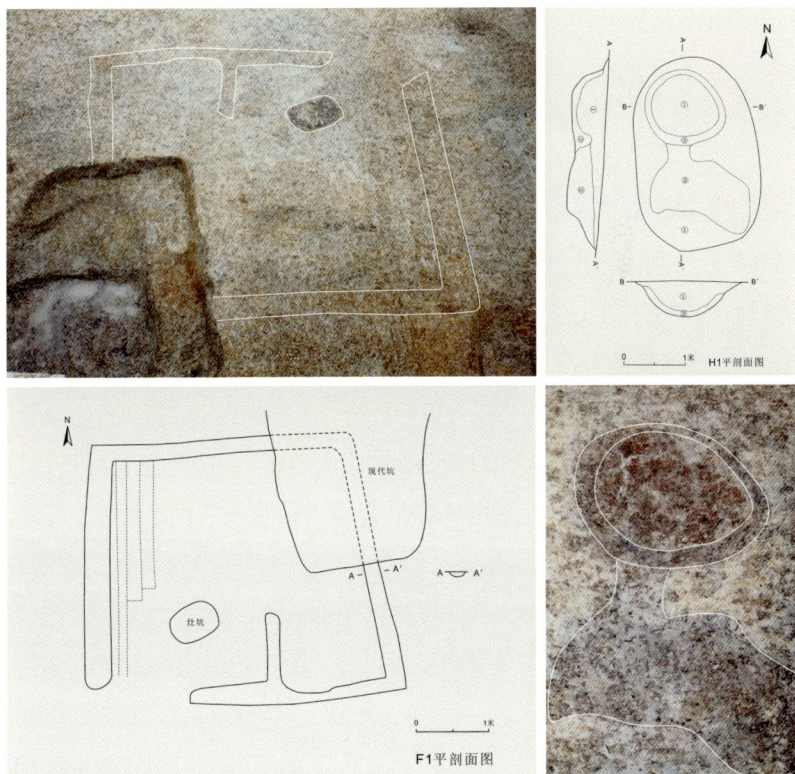

1. F1 图片及线图　　　　　2. H1 线图及图片

图 2-8　卞家山房屋及灰坑遗迹

子孤立地耸立在灰沟南侧，可能是船工的临时住所，也可能是跟水上交通有关的公共设施。当时的水滨还没有木结构码头，西南部与水域相通的大型灰沟，正是舟船进出的港湾。

　　尽管只挖到了一座 15 平方米的房屋遗迹，但它有基槽、隔墙和灶坑，已经是较为明确的建筑遗存了。良渚文化的建筑遗存保存都不太好，多数只有零星的柱坑，好一点的还能带点活动面和基槽。像庙前 F1 这样有 26 个带垫板的方坑已经是保存很好的建筑遗存了。此外，建在台地上的桐乡普安桥房屋遗迹也保存相对较好，有清晰的柱坑和闭合的基槽。保存最好的史前时代居址也只能是像甘肃大地湾、邓州八里岗这样有部分墙体残存的建筑了，房屋的原高墙体、梁架、屋顶等根本保存不下来。所幸的是，卞家山遗址发现了一件陶质房屋模型，尽管墙体部分已缺失，但屋顶部分近乎完整，四面坡有屋脊和屋檐，每个坡面还各有一个三角形的气窗。坡面上刻有很多竖向划道，暗示铺设屋顶的材料是稻草之类。卞家山这件陶质房屋模型看似不起眼，实则具有重大的学术价值。由于它的发现，一些陶器上的房屋刻画图案得到了印证，如仙坛庙一件器盖内侧的干栏式房屋图案，类似的图案在良渚钟家港也有发现。加上卞家山发现的木骨泥墙，钟家港发现的带抹灰光面的墙体，还有一些榫卯结构的木构件，综合这些材料，我们基本可以复原良渚时期的建筑形态，即在平地或垫土基础上挖柱坑或基槽（水边则以干栏式桩基的形式），然后架设木构梁架，再搭建四面坡屋顶，墙体采用木骨泥墙，屋顶铺设编织过的稻草，并用屋脊加以固定。良渚博物院展厅里的房屋建筑模型，就是按照这些证据复原的。

第三章

生活方式

　　狭义的生活方式是指个人及家庭的日常生活状态，通俗讲就是衣食住行，以及闲暇时间的消遣，如娱乐等。广义的生活方式包括精神生活，如宗教活动等，这方面属于非物质文化遗产，仅凭若干间接物证不足以表述。良渚文化距今有四五千年，良渚先民的生活方式到底跟今天的我们有何不同，相信很多读者对此抱有兴趣。卞家山遗址在这方面为我们提供了大量的实物资料，以下即以衣、食、住、行、娱为小节分别展开论述。

一 衣

1. 麻布之痕——关于衣料

　　衣物是非常脆弱的有机质物品，既薄又轻，经过数千年的地下掩埋，史前遗址中几乎没有保存下来，因此不能指望在史前遗址考古发掘中发现可辨形状的衣物。不过，考古学家也并非束手无策，在保存环境优越的遗址中，仍可以发现一些衣物的蛛丝马迹乃至实物残骸。通过间接的资料，同样可以了解有关衣物的一些信息。

　　卞家山遗址就有这样的间接证据：一件柱形钮双鼻壶器盖的内侧和一件嵌入式盖钮的器盖内面，都留有清晰的麻布印痕，显然是用麻布对器物内壁进行修饰时留下的痕迹（图3-1）。既然陶器制作中会用到麻布，就说明它是良渚时期很常见的纤维织物，那么，它是否为良渚时期最普通的衣料呢？

　　其实，类似的证据早在20世纪50年代就有发现。在湖州钱山漾遗址第一、第二次发掘中，出土了较多的细麻绳、麻线和麻布，且纤维实物保存状况更好，甚至可以用手拿起，实属罕见。经过浙江省纺织科学

1. 卞家山 G2 ⑧ :154   2. 卞家山 T4 ⑩ :18

图 3-1 器盖内面的麻布痕

研究所鉴定，这些原料均为苎麻纤维。[①] 据研究，苎麻是中国的原产植物，并为我国所独有，因此，外国人也将其称为"中国草"。它是品质优良的麻纤维之一，最大的优点是单纤维比较长，而且强度比棉纤维还要高。其内部结构也与其他植物纤维不同，纤维上有许多筛孔状结构，吸湿散热性能比其他纤维更好，因而是南方地区暑湿闷热天气下的理想衣料，穿着舒适，透气而不粘身。此外，它还有耐碱、耐弱酸、抗菌、抗虫、

① 浙江省文物管理委员会：《吴兴钱山漾遗址第一、二次发掘报告》（附录二：吴兴钱山漾遗址出土纺织物鉴定书），《考古学报》1960 年第 2 期.

防霉等优点。当然,它也有缺点,主要是刚性有余而韧性不足。[1]如此看来,苎麻很可能是良渚先民最常用的衣料。

不过,从植物标本检测中可知,良渚时期也有葛。葛根是淀粉类食物,它的纤维也可制成布料,不知良渚先民是否已掌握将葛纤维制成衣料的技术。但在江苏吴县(现苏州市吴中区)草鞋山遗址马家浜文化地层中,曾出土过绞编法织成的葛布,用的就是野生葛纤维。这样看来,良渚人用葛纤维织成布料,应该也是大概率的事情。

苎麻布和葛布制成的衣服,透气性都较好,适宜夏天穿着。那么寒冷的冬天穿什么呢?很大的可能是兽皮制作的衣服,皮料来源可能是水牛、猪、鹿等动物,这些动物骨骼在卞家山遗址都有发现。此外,对于贵族而言,尤其是良渚古城里的高级权贵,葛和麻都显得低档,所以是否还有更高级的衣料呢?

在湖州钱山漾遗址第一、第二次发掘中,跟麻纤维一起出土的还有一小片绢片和一些丝绳、丝带和丝线,证明良渚时期还有丝和绢这样的珍贵衣料。关于丝绸的考古资料,在中国的其他遗址中也有一些发现。例如山西夏县西阴村仰韶文化遗址中发现过半个茧壳,河南荥阳青台村

----

① 俞为洁:《饭稻衣麻——良渚人的衣食文化》,浙江摄影出版社,2007年。

新石器时代遗址的瓮棺葬中曾出土了 5000 多年前的丝绸残痕，近年来中国丝绸博物馆在荥阳汪沟遗址中再次从瓮棺内发现同时期的丝织物。[①]而巩义双槐树遗址发现的仰韶文化牙雕蚕，已具备明显的家蚕特征。中国丝绸博物馆赵丰馆长认为，只有成功驯化为家蚕之后，蚕丝才能够成为稳定的、真正的生产材料，也只有在这个前提下，才能谈丝绸起源。以此为标准，中国无疑是首个发明蚕丝并利用蚕丝的国家。

图 3-2 是良渚博物院之前陈列的一组塑像，国王和王后到宫殿施工现场巡视，头戴羽冠，身穿绘有精美图案的丝绸服饰，显得华丽高贵。

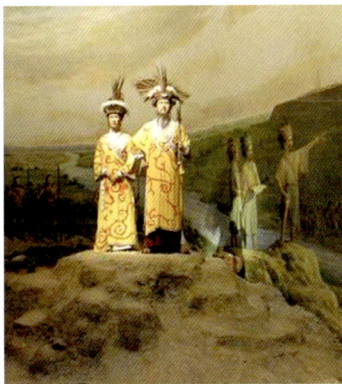

图 3-2　国王和王后像

① 澎湃新闻赵丰、周旸访谈录:《五千多年前的最早丝绸是如何发现的？》,《中国青年报》2019 年 12 月 10 日.

图 3-3　纺轮纺线

2. 纺轮之用——衣物编织

　　无论是丝或麻，都要先纺成线，然后才能编织成衣料。史前时期的纺线基本靠纺轮。在中国，距今 8000 多年前的河南贾湖遗址已出现纺轮。而在江南地区，距今 7000 多年前的河姆渡文化和马家浜文化中，陶纺轮已大量出现。不过最初的纺轮是用陶片改制的，周缘不很规则，穿孔也不一定居中。距今 6000 年以后，才开始用泥料专门烧制纺轮，也有用石料和玉料磨制的。尽管纺轮的形态多种多样，但有两个基本特征，即外壁是圆的，中间有穿孔。圆形是旋转的需要，穿孔是要从中插入杆子。这根杆子业内称为"专杆"，用来缠绕捻合后的纱线。纺轮和专杆合称"纺专"。余杭瑶山 M11 出土过一套玉纺轮带玉专杆的玉纺专，制作规整精良，堪称样品级的纺织器具。纺线的方法是将纤维先捻出一根线，将其固定在专杆顶端，然后让纺轮转动，利用其惯性，在旋转过程中不断释放纤维线，捻成的线会自动缠绕在专杆上。早年的江南农村和现在的云贵地区仍有用纺专纺线的传统（图 3-3）。可以说，作为非遗技术，

陶纺轮   石纺轮

图 3-4 卞家山陶纺轮和石纺轮

纺专纺线至今仍然活态地传承着。

卞家山出土的陶纺轮数量较多,共 35 件,其中墓葬内出土 17 件,地层及遗迹出土 18 件。多为圆饼形,即截面呈扁方形,少量截面呈梯形(图 3-4),另有 3 件为馒头形,截面略呈三角形。除了形态不同,直径、厚度也不一致。卞家山遗址还出土了 2 件石纺轮,都呈扁圆形,但大小相差较悬殊,一件直径 3.2 厘米、厚 0.2 厘米、孔径 0.6 厘米,另一件直径 5.1 厘米、厚 0.7 厘米、孔径 1.1 厘米(图 3-4)。玉纺轮除了瑶山 M11,还在余杭横山、钵衣山、官井头等遗址有零星出土。大量的陶纺轮和少量的石纺轮无疑是实用器,玉纺轮未必实用,可能是礼仪性的象征物。

针对不同种类的纤维，纺轮的大小、轻重包括材质是有讲究的，比如纺丝的要细巧一些，纺麻的则相对粗犷。

纺出线团之后要织成布匹，这样才能作为衣料使用。如何织布？目前此类证据极少，仅在反山 M23 出土了一套织机部件的玉端饰，一共 6 件，分 3 对。发掘者当时就推断跟纺织器具有关，认为这三组卡饰可能是卷布轴、机刀、分经器的端饰。[①] 经过研究，中国丝绸博物馆赵丰馆长还原了这套玉端饰所依附的织机原型，它是一种纯手工挑织的原始腰机，但各部件的设计已非常合理。[②] 具体的操作方法是：织者将整好经线的织机背带套在腰部，用腰背把卷布轴系于腹前，再用双脚蹬起经轴，使织机上的经线基本水平，一手用开口刀逐一穿过经线，穿好之后竖起，使经线分组形成开口，然后用木质的细棍（或梭子）绕线引纬，放平开刀口，轻轻打纬后抽出，然后开始下一纬的织造。织造一定长度后，经轴翻转一周后放出若干经线，卷布轴则卷入一周长的织物。当然，这种腰机织出的织物幅宽有限，一般只能织出幅宽 35 厘米以下的织物。同样，这种腰机今天在云贵地区仍然有人在使用（图 3-5）。

....

① 浙江省文物考古研究所：《余杭瑶山良渚文化祭坛遗址发掘简报》，《文物》1988 年第 1 期．

② 赵丰：《良渚织机的复原》，《东南文化》1992 年第 2 期．

图 3-5　腰机织布

　　有了布料，接下去便是如何做成衣服的问题，这个过程最关键的无非是裁剪和缝制。关于裁剪，当时应该没有剪刀这样的复合工具，大抵只是石刀、蚌刀之类。良渚文化较常见的斜把石刀，应该可以用来切割布料。为了保持刃部锋利，砺石是必不可少的配套工具。斜把石刀和砺石在卞家山遗址都有发现（图 3-6）。关于缝纫工具，骨针无疑是首选。带针眼的骨针其实在河姆渡文化、马家浜文化等更早的古代社会中就已出现，但在良渚文化遗址中极少发现。卞家山虽然出土了一些骨器，却多数为骨镞和骨锥，没有细细长长带针眼的骨针。当然也不能排除有用木材和竹片制作的缝衣针，只不过在考古发掘中难以获得证实。

1. 卞家山 T4 ⑫ :88

2. 卞家山台 T1 ② :22

3. 卞家山 T3 ⑪ C:71

图 3-6　卞家山石刀

3. 木屐觅踪——始于足下

良渚文化已进入早期文明社会，良渚先民当然不会光脚走路。他们会穿什么样的鞋呢？在卞家山遗址，我们幸运地挖到了一只良渚时期的木屐。此木屐残长 20.2 厘米、宽 7.8 厘米、厚 1.6 厘米。扁长，两边较直，一角破损，两端都有残缺。正面较平整，背面有多条纵向的沟槽。有三对共 6 个穿孔，背面孔径较大，显然是为了在背面打结而不致磨损（图 3-7:1）。

类似的木屐早在 1988 年宁波慈湖遗址就有发现，而且发现了两只，不过都是左木屐。一只凿有 5 孔，头部 1 孔，中部和后端各 2 孔，两孔间挖有凹槽，明显是为了避免行走时磨断绑绳，此木屐长 21.2 厘米、头宽 8.4 厘米、跟宽 7.4 厘米。另一只跟卞家山木屐一样凿有 6 孔，两孔之间也挖凹槽，只不过后端两组穿孔间距较近，头部两孔距离较大，且各孔特别粗大，此木屐长 24 厘米、头宽 11 厘米、跟宽 7 厘米[1]（图 3-7:2）。五孔木屐和六孔木屐应该有不同的绑带方式。图 3-7:3 是我们推断的绑带方式，绑带材料最有可能是麻绳，此类麻绳在良渚马家坟遗址中曾有发现。

---

[1]　浙江省文物考古研究所、宁波市文物考古研究所：《宁波慈湖遗址发掘简报》，《浙江省文物考古研究所学刊》（建所十周年纪念），科学出版社，1993 年。

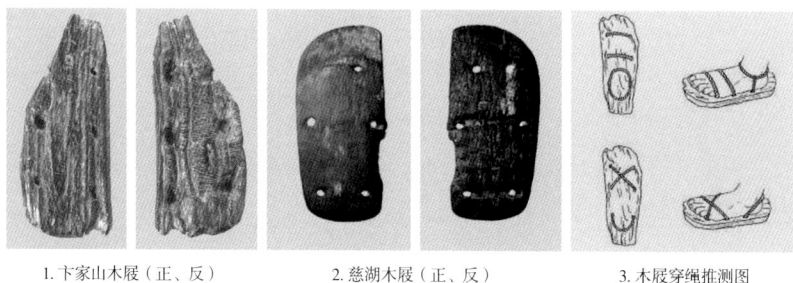

1. 卞家山木屐（正、反）　　　2. 慈湖木屐（正、反）　　　3. 木屐穿绳推测图

图 3-7　良渚木屐

一般认为，穿木屐是日本的传统文化，事实上木屐的源头在中国。从史书记载来看，从春秋战国到秦汉时期，穿木屐在中国一直十分流行。直到隋唐时期，一些遣唐使和留学生才将木屐带到日本，从此木屐便在日本流传开来。

木屐虽然是良渚先民的一种鞋子，但毕竟脚部裸露，冬天并不御寒。因此，良渚人在冬季可能会使用兽皮缝制的鞋子，或者使用木板底加麻布鞋帮合成的鞋子。当然，纯粹用麻布缝制布鞋，也不是没有可能。

4. 头梳手镯——装饰之美

良渚先民对自身的装扮也颇为讲究，尤其是贵族，从头到脚都会做一番装饰。从墓内随葬品的摆放位置推断，贵族的饰品主要有以下组别：

着发玉饰（冠状梳背、三叉形器、成组锥形器等）；

箍头玉饰（成组半圆形器）；

贴额牙饰（成组野猪獠牙）；

耳坠玉饰（玉玦、隧孔珠）；

颈挂玉饰（玉璜、短玉管串等）；

胸佩玉饰（璜与圆牌组佩、长玉管串、坠饰等）；

手戴镯类（玉琮、玉镯、玉环、玉筒形器、骨镯、象牙镯等）；

腰束玉饰（玉带钩）；

缀衣玉饰（镶嵌玉粒、玉蝉、玉鸟、玉鱼、玉龟等）。

当然，这些装饰并非都会同时用于一个人，而是根据不同个体的身份、等级、司职、性别等，分别采用其中的部分装饰。而且，这些装饰形态反映的是墓内的葬仪制度，现实生活中是否如此还不好说，虽说古人视死如生，冥世葬仪和现世礼仪还是会有些不同。现实生活中，庆典、祭祀等仪式场合会穿戴隆重，上述饰品可能大多会用到，但平时应该会简单很多。考古出土的玉器大多看不出明显的使用痕迹，从一个侧面也反映出玉器使用的频率并不太高。

卞家山是一个普通聚落，墓地内没有贵族墓葬，但它也出土了少量装饰性的玉器。在卞家山港湾式灰沟及码头淤积区共发现22件玉器，除了2枚玉管、1件弧形坠饰和1件戒指形端饰，大多为锥形器，而锥形

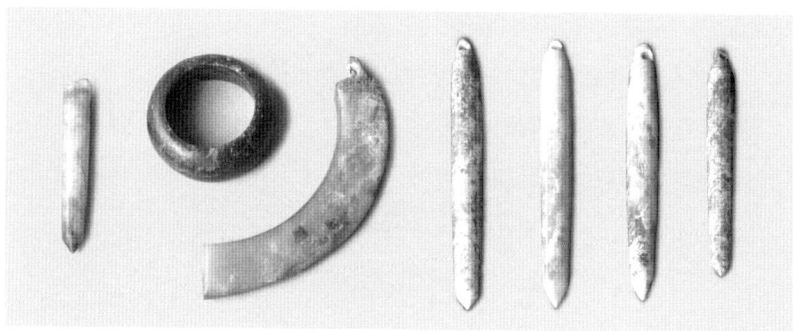

图 3-8　卞家山出土的玉器

器又以截面圆形居多，另有 3 件截面呈方形（图 3-8）。玉器是奢侈品，日常穿戴应为装饰品，淤泥中发现的这些玉器，多半是良渚先民在活动中不慎掉落的。也就是说，普通的良渚先民平时也佩戴锥形器、玉坠、玉管之类的饰物。再看墓地，卞家山清理的 66 座墓葬中，有三分之一的墓多多少少有几件玉器随葬。这些玉器中，大多数为锥形饰、珠、管之类的普通玉器，但也发现了个别璜、冠状梳背、镯等较高等级的玉器。据统计，卞家山墓葬玉器包括 1 件玉璜、1 件玉梳背、2 件玉镯、1 件玉坠、55 件锥形器、77 枚玉管、54 颗玉珠、5 颗隧孔珠。其中规格最高的是 M46，共有梳背、半圆形器（受沁严重，无法提取）、镯、锥形饰、管等随葬玉器 6 件。像卞家山 M46 这样的墓葬，虽没有贵重的礼器，但在整个家族墓地中，也应是地位最高的人。我们相信，卞家山墓地的玉器

1. 卞家山 G1 ② :110

2. 卞家山 G2 ② :111

图 3-9　陶器上的编织纹

基本反映了现实生活中的玉器使用情况，除了极个别的玉璜、玉镯和冠状梳背，大多为锥形器、玉管之类，单枚的锥形器拿在手里或挂在胸前，玉管可能是若干颗成组戴在手腕上。

　　权贵的头部因为要插戴玉器，一定会有较多的发量，并且经过梳理形成发髻。从陶器的泥编部件来看，良渚先民应该已会扎辫子。如图 3-9:1 这件宽把杯的残把，外侧用细泥条拼贴了四组发辫一样的编织纹；而图 3-9:2 的这件三足陶盉,把手外侧用细泥条拼贴了两组辫子状的编织纹。这种纹饰不会凭空出现，一定是现实生活中实用现象的折射。

二 食

良渚先民的食物资源十分丰富，饮食结构跟现在的江南地区基本相同，如果现代人穿越到那时，相信不会有违和感。首先，良渚时期的稻作农业已很成熟，主要有三个证据：一是有石犁、石耘、破土器、石镰等成套的农具，二是已出现大面积规整的农田，三是有大量碳化米被发现。另据郑云飞博士研究，临平茅山良渚稻田的亩产量可达 140 千克。因此，稻米足以成为良渚先民的主食。跟稻作农业相关的石镰、残石犁、石耘、破土器等农具，在卞家山遗址也有少量发现。其次，猪已被大量人工饲养，因而是主要的肉食来源。卞家山遗址共出土动物骨骼 2058 块，可识别的有 1640 块，其中猪骨有 1526 块，占可识别总数的 93%（图 3-10）。经鉴定，大部分猪骨骨龄为 1 岁左右，即基本在接近成熟时被宰杀，体现了人工饲养的特征，证明良渚先民已有意饲养家猪，从而提供稳定的肉食资源。此外，水网密布，水产资源也极为丰富，良渚先民主要通过渔网捕获水产。卞家山遗址就有较多的石网坠和少量陶网坠出土。可以说，稻、猪、水产组成了良渚先民基本的膳食结构。

我们曾对卞家山出土的一件陶鼎内的附着物做过食性分析，里面含有淀粉和蛋白质成分，说明当时的稻米与肉类可以同时煮在一起，也即所谓的"羹"。卞家山港湾式灰沟东部靠近居住区，灰沟边有大量食用后倾倒的螺蛳壳、河蚬、蛏子、蚌类等淡水贝类的废弃堆积，说明螺蛳、

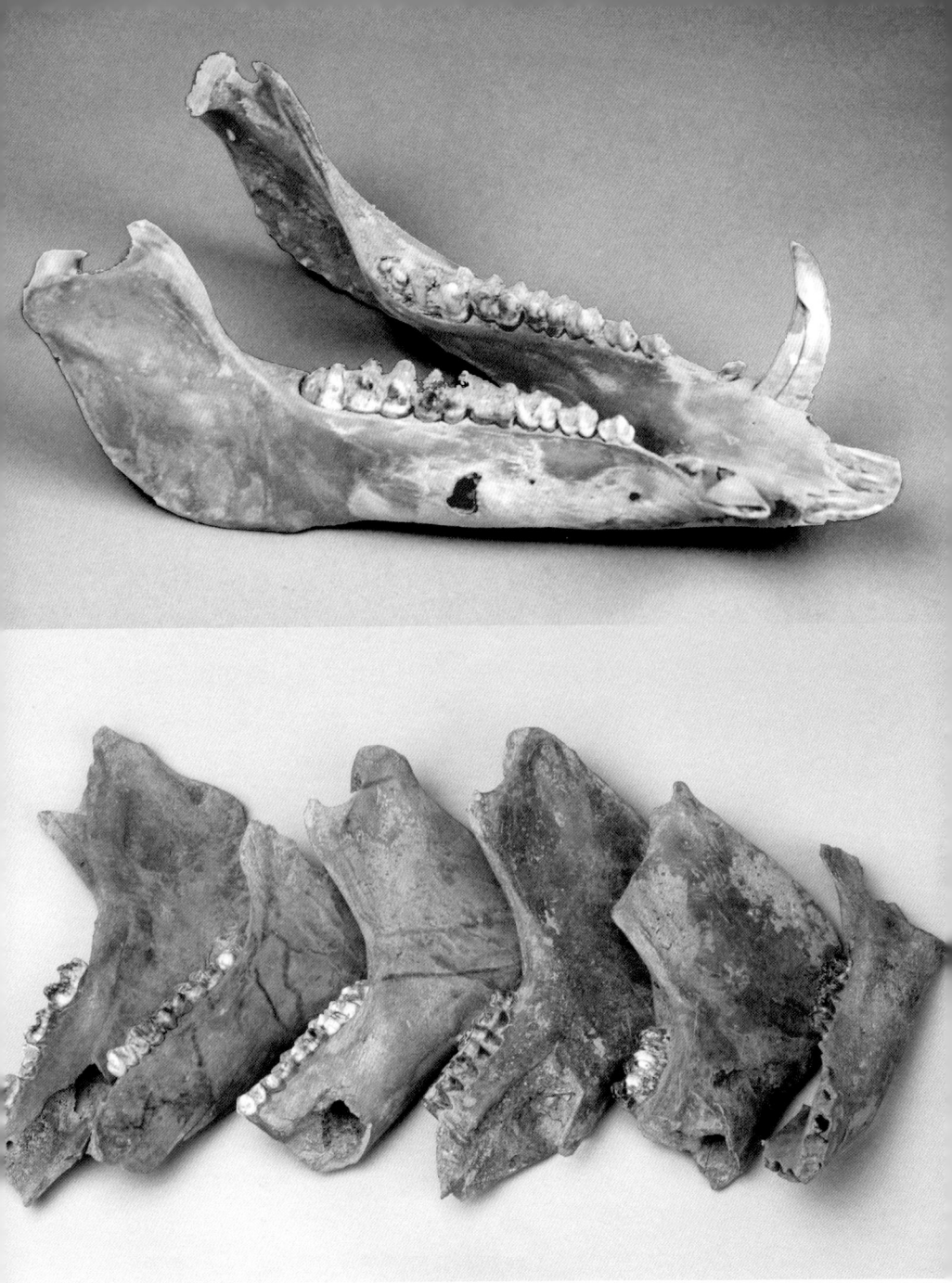

图 3-10 卞家山出土的猪骨

河蚬、蛏子、蚌类也是良渚先民的佳肴（图 3-11）。有意思的是，卞家山出土的这些螺蛳壳都没有去尾，似乎是用竹签或鱼刺等工具挑出来食用的。而福建昙石山文化的一些遗址，小螺却是敲去尾部的，说明当地先民已懂得去尾吸食螺肉的窍门。[①]

良渚人的菜谱中当然也少不了蔬菜瓜果。蔬菜大多直接从野生植物中采摘，很少专门种植。较明确的蔬菜种类有葫芦、红蓼、栝楼（吊瓜）、瓠瓜等。瓜果的种类更多，卞家山遗址发现的果实种类中，时令瓜果有桃、梅、杏、李、菱角、南酸枣、甜瓜、柿子、葡萄等十来种（图 3-12）。

良渚时期的动物遗存很多，大多为野生，狗之类可能已人工驯化，但到底如何利用我们还不得而知。卞家山遗址出土的动物骨骼经鉴定有 18 个种属，分别为：鳖、鱼、大雁、天鹅、鸭、狗、野猪、水鹿、梅花鹿、水牛、方形环棱螺、梨形环棱螺、圆顶珠蚌、中国尖脊蚌、扭蚌、鱼尾楔蚌、矛蚌、背瘤丽蚌。此外，陶片图案中还有虾、龟等动物形象。

除了食物资源丰富，良渚先民对饮用水要求也较高。虽然河网密布，

[①] 林惠祥：《福建闽侯县甘蔗恒心联乡新石器时代遗址考察报告》，《厦门大学学报》1954 年第 5 期。

1. 鱼头

4. 河蚬

2. 螺蛳

5. 蛏子

3. 河蚬

6. 蚌壳及河蚬

图 3-11　卞家山出土的水产资源残存

1. 葫芦

4. 甜瓜

2. 菱角

5. 芡实

3. 桃子

6. 李子

图 3-12 发掘出土的良渚时期的植物果核

但良渚先民还是习惯打井获取饮用水。有的水井十分考究，用刳木合成筒形井圈，甚至用榫卯结构的方木扣合成井字形框架来过滤水质。曾有学者对良渚时期出土的古井做过估算，认为总数不下134处。[1] 这些水井大体上可分为四类：纯土坑式、竹编或苇编井圈式、木筒井圈式和木构井架式。后两者因为有木质护体，显得相对考究，废弃后往往改作窖穴。木筒井圈式水井见于整个良渚文化分布区，数量较多。如嘉善新港发现的一口浅井，井壁由圆木剖为两半，挖空后用长榫拼合而成。[2] 湖州花城发现的水井，则由八块木板围成一圈，然后又用五根短横木撑成五角形顶住木板。[3] 昆山太史淀的木井圈是用去皮的大树干对剖后刳成四五块弧形木板，然后在木板上凿孔，用绳索捆绑固定。[4] 嘉兴雀幕桥的良渚古井底部以五根圆木摆成井字形，三横两纵，圆木上再以木板拼构出井筒。[5] 带"井"字形木框架的水井或窖穴目前仅见于良渚古城周边的庙

① 林华东：《良渚文化研究》，浙江教育出版社，1998 年。

② 陆耀华、朱瑞明：《浙江嘉善新港发现良渚文化木构水井》，《文物》1984 年第 2 期。

③ 隋全田：《湖州花城发现的良渚文化木构窖藏》，《浙江省文物考古研究所学刊》，文物出版社，1981 年。

④ 陈兆弘：《昆山太史淀古文化遗址考察》，《江苏文博通讯》1982 年第 3 期。

⑤ 浙江省嘉兴县博物馆、展览馆：《浙江嘉兴雀幕桥发现一批黑陶》，《考古》1974 年第 4 期。

前遗址，且有 2 处，编号分别为 H2 和 J1。^①两者都是先挖大坑，然后底铺沙砾土，再在上面架设榫卯结构的"井"字形木框架，最后在坑壁和木构井圈之间填满带石块和碎陶片的土，因此可对水进行有效过滤。良渚官井头遗址还发现了分级的组合用水设施，自上而下依次为石壁水井、石砌水池、石砌排水沟，井水用来饮用，水池用来洗刷，排出的水还可以灌溉农田。^②这样的设施不仅在当时来说十分先进，现在看来设计也十分科学。

良渚先民有宗教情结，生活中似乎也离不开酒。酿酒的材料可以是稻米，也可以是水果。稻米中粳米很适合酿酒——当然，糯米更好，只是我们不确定良渚先民是否已培育出糯米。稻米酿酒需要具备蒸锅和酒曲两个基本条件，良渚文化有隔档鼎和甗，隔档鼎的隔档上放箅子，或者甗的甑内放箅子，都可以蒸熟酿酒的稻米。稻米蒸熟后，需要掺入酒曲，红蓼就是南方的酒曲，它可以把淀粉分解为葡萄糖，再将葡萄糖合成为酒精。果酒使用的材料很可能是葡萄，葡萄中含有天然酵母。不过中国的史前遗址中还没有发现纯粹的果酒，山东日照两城镇和河南舞阳贾湖发现的酒，都是葡萄参与酿造的混合酒。良渚文化时期的酒，应该

① 浙江省文物考古研究所：《庙前》，文物出版社，2005 年。
② 赵晔：《官井头——大雄山丘陵史前文化的一个窗口》，《东方博物（第48辑）》，浙江大学出版社，2013 年。

还是一种酒味比较淡的甜酒，未去渣之前称为"醪"，去渣之后称为"醴"。良渚文化有陶质过滤器，学者们普遍认为是用来滤酒的。不过无论是醪或醴都酒味薄，糖分多，容易酸败，很难贮存，不适合大批量生产。因此，每遇重大庆典或宗教活动，都要算好时间提前进行酿酒，仪式活动时尽量喝完，剩下来的话品质便会越来越差。①

三　住

　　良渚文化坐拥长江下游环太湖流域的长江三角洲，位置与现在的浙北、苏南和沪西地区大体一致，属于历史上"江南"的核心区。江南的特征是水乡泽国，性格是温婉灵动。这样的特性决定了它的居住方式和建筑风格，大多是依河而居、粉墙黛瓦。良渚文化是古代的江南，当今的居住方式和建筑风格与它其实是一脉相承，总体而言相差不大。考古发掘中的遗址，大部分沿河分布，像良渚庙前、苏州龙南、古城钟家港等。卞家山南临大面积的水域，当然也属于临水而居的居住模式。考究一点，沿河或沿岸居住的地段用木桩加竹编进行护坡，这样可有效防止坡岸坍塌，也能保证水质清澈。经勘探，卞家山古代的部分居住区分布在发掘区东北部外侧，也即隆起的遗址本体上。因为没有发掘，我们尚不了解其保存状况，不清楚其房屋分布的空间结构。良渚时期临水而居的水乡

---

① 俞为洁：《饭稻衣麻》，浙江摄影出版社，2007年。

图 3-13　钟家港手工作坊区复原场景

格局，在良渚博物院第二展厅和良渚古城遗址公园钟家港景区都有复原展示，观众驻足凝视，五千年前的生活气息便扑面而来（图 3-13）。

　　既然是临水而居，屋基相对岸边的水位就要高，因此建房时要做一些铺垫，或者专门做一个基础台地。随着时间推移、人口增加，还会不断扩大台地，增添新的建筑。台地可能是早期先民留下的高地，也可能是专门为建房而堆建。桐乡普安桥遗址、海盐仙坛庙遗址都很好地揭示了房屋始建、扩建、新建的扩展更替过程。卞家山码头北侧的人工土台，原本是为营造港湾式大灰沟而筑造的，使用过程中也建过一所房子，这座孤立的房子可能不是固定的居所，很可能属于水路交通的公共设施。

　　古城地区迄今已揭露许多水岸护坡遗迹，大部分采用木桩支撑竹篱笆的护坡形式，这种形式可以有效防止水岸泥土的滑坡，哪怕连降暴雨，洪峰来袭也能安然无恙。卞家山港湾式大灰沟的岸边就发现有多处此类护坡遗迹。1994 年良渚茅庵里遗址发掘中，也发现了多处木桩护坡，局部保存着明显的木桩加竹篱笆的护坡遗迹。[1] 2000 年严家桥遗址发掘时，发现了 3 ～ 4 道木桩护坡（土台每一次扩大都设有木桩护坡），其中第二排的木桩内侧有明显的竹篱笆痕迹。[2] 上海广富林遗址良渚文化晚期土台的东侧和北侧均发现了竹篱笆痕迹，同样也应是起围挡作用的木桩和竹篱笆。[3] 在良渚古城宫殿区东侧的钟家港，它的岸边护坡遗迹有一段保存长度达 32 米（图 3-14）。[4] 而在稍远的美人地遗址，护坡设施更为考究，居然用纵向的垫木叠加横向的枕木，再将带突榫的木板垂直插入带卯孔的枕木中，从而建构起密实而陡直的水岸护坡。[5] 据分析，这里应是码头专属区域（图 3-15）。

　　关于良渚先民的房屋，前面已有述及，公众最关心的问题是，他们

① 赵晔：《茅庵里遗址的发掘》，《庙前》，文物出版社，2005 年。
② 浙江省文物考古研究所：《良渚遗址群》，文物出版社，2005 年。
③ 浙江省文物考古研究所、南京博物院、上海博物馆：《良渚考古八十年》，文物出版社，2016 年。
④ 浙江省文物考古研究所：《良渚古城综合研究报告》，文物出版社，2019 年。
⑤ 浙江省文物考古研究所：《良渚古城综合研究报告》，文物出版社，2019 年。

图 3-14　钟家港木桩及竹篱笆护坡

的房屋到底是什么样子？考古发掘中最多只能看到基础部分，比如柱坑、
基槽、残墙，整个立面和屋顶不可能完全得以保存。因此，古代房屋建
筑只能通过间接材料予以还原。为了展示需要，良渚博物院的第一展厅
和第二展厅都有良渚贵族居住的房屋复原模型，它们复原的主要依据正
好来自卞家山遗址。2003 年卞家山遗址发现的红陶质房屋模型，确切地
说只剩下屋顶部分。这个屋顶呈四面坡形，每面都有三角形的气窗，此
外还有屋脊和屋檐（图 3-16:1）。从房屋模型底面观察，宽面有光溜的门道，
两侧面有较窄的窗口。可惜墙体部分已不存，因此不知道屋顶和墙的比
例关系。不过海盐仙坛庙、良渚钟家港，包括卞家山遗址，在黑陶片上
都发现了屋顶或整个房屋的简笔刻画图案（图 3-16:4），参照这些图案可

图 3-15　美人地板桩护坡

以发现，良渚时期房屋的屋顶似乎较陡，而墙体相对较矮，即有一部分被屋檐遮盖。如果真是这样，屋顶气窗的设置应该也考虑到了采光的功能。

除了屋顶模型，卞家山港湾式灰沟西部，还出土了一块带转角的木骨泥墙残块，墙体厚度约 15 厘米，里面有 5 根直径约 3 厘米的细木棍，转角处还露出横向垂直和纵向垂直的细木棍各一根，直径也是 3 厘米（图 3-16:2）。这个标本为复原良渚建筑的墙体结构提供了重要证据。类似的墙块在钟家港也有发现，那里发现的墙块保存着光洁的白灰面，表明墙体表面是经过压平和刷白工序的。

1. 房屋模型

（a）

2. 木骨泥墙

3. 复杂木构件

4. 仙坛庙房屋刻符

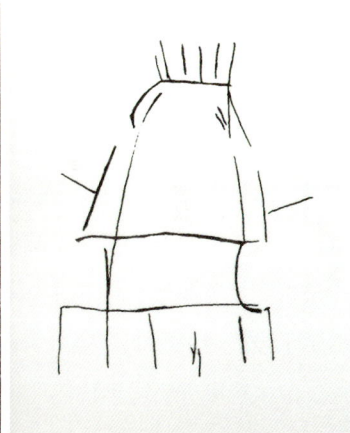

5. 仙坛庙房屋刻符线图

（b）

图 3-16　卞家山房屋相关物证

图 3-17　钟家港出土的凿卯孔方木

　　古代房屋的墙体一般不作承重，房屋承重主要靠立柱和举架。但相关的考古资料并不多，如庙前遗址 F1，一圈有 20 多个长方形柱坑，柱坑底部铺垫木板，个别柱坑的垫木上还有残存的立柱。再如钟家港古河道内，发现了一根 9.5 米长、带 39 个等距卯孔的方木半成品（图 3-17）。[①]毫无疑问，立柱和房梁之间需要榫卯结构予以固定，那么良渚时期的木作技术到底如何呢？庙前的木构井架和钟家港成排卯孔的方木半成品，都属于较简单的榫卯套接，卞家山则出土了一段目前所见最复杂的木构件。此木构废弃后被用作码头桩基，材质为楠木，残长 69 厘米、宽 15.5 厘米、厚 7.6 厘米。出土时斜插于淤泥中，下端似被削尖但已腐烂。整体为扁方柱形，一端有两个凸榫，稍内凿有纵向的长方形卯孔，两边又有横向的方形插销孔，一侧窄面还有隆起的企口（图 3-16:3）。这件木构

①　浙江省文物考古研究所：《良渚古城综合研究报告》，文物出版社，2019 年。

图 3-18　良渚博物院卞家山良渚文化房屋复原模型

呈现了多维度套接的立体架构，相信良渚时期高等级房屋内会大量采用复杂的榫卯结构。当然，平民和贵族使用的建筑肯定有所不同，贵族的建筑体量大，用料考究，还会有台阶和扶栏之类的辅助设施，甚至可能会采用雕刻和彩绘技术来呈现雕梁画栋的效果（图 3-18）。

四 行

　　良渚文化地处沿海水网平原，河道纵横，湖泊众多，长途的出行和运输主要依靠水路。个体或散户的水上出行，依托河埠就行，聚集性的货物及人员往来则需要建专门的码头。码头的形态应该也有多种，卞家山这种河埠头加栈桥式的木构码头，可能只是其中一种。

　　水路出行主要靠船。临平茅山有良渚时期的独木舟实物发现，该独木舟由整段巨大的松木凿成，圆头方尾，长 735 厘米，宽 45 厘米，深 23 厘米（图 3-19:1）。浙江大学计算机系对其进行过三维扫描，根据三维模型计算出它的排水量，然后推算出其最大承载重量是 300 千克。按照单个人体重量 60 千克计，该独木舟最多可承载 5 个人。为安全起见，实际上只能坐 4 个成人。跟独木舟有关的木桨，卞家山遗址就发现了 3 件，均位于码头淤积区。一件为成品，有桨叶、长柄和把手，通长 150 厘米，叶长 73 厘米，叶宽 12.5 厘米，厚 0.6 厘米。一件为断残的半成品，桨柄还没有完全切割出来，残长 110 厘米，宽 13 厘米，厚 3.5 厘米。还有一件仅剩舌形的桨叶，残长 16.7 厘米，宽 6.1 厘米，厚 0.9 厘米（图 3-20）。[①]

---

① 浙江省文物考古研究所：《卞家山》，文物出版社，2014 年。

1. 茅山遗址出土的独木舟　　　　　2. 余杭南湖出土的竹筏

3. 竹筏运货示意图

图 3-19　水上交通工具

1. 卞家山木桨
（T4 ⑫ :37）

2. 卞家山木桨半成品（T4 ⑪ :38）

3. 卞家山木桨残件（G1 ② :36）

图 3-20　卞家山出土的木桨

　　独木舟不仅载荷量有限，安全性也不高。如果运载货物，特别是建筑材料，这么窄的独木舟显然不合适。像良渚古城墙的基础垫石、水坝坝芯的草裹泥，工程量很大，估计都是用竹筏来运载的。竹筏具有就地取材、制作简单的优点，历来是江南水乡的重要运输工具。它浮力强，吃水量少，平衡性好，操作简单，由一名艄公点篙撑驾即可。余杭南湖曾发现马桥文化阶段的竹筏，保存较好，发现时平置于古河道岸边的淤泥中，长280厘米，宽60厘米，由5道竹篾编缀而成（图3-19:2）。[①] 马桥文化与良渚文化年代相距不远，良渚时期有竹筏的可能性很大。据

---

① 　赵晔：《余杭南湖的文化底蕴》，《东方博物（第二十五辑）》，浙江大学出版社，2007 年。

王宁远推算，用 10 根竹子编缀的单体竹筏（长约 7～8 米），实际载重量约为 500～600 千克，如果双筏拼合，载重量可达 1000 千克以上（图 3-19:3）。[1]

如此看来，良渚时期的水上交通基本可以确定：独木舟载人，竹筏运货。当然，陆路的出行也避免不了。俗话说"逢山开路、遇水搭桥"，良渚时期水网密布，到处都是河道，要进行陆路行走免不了要架设桥梁。如果河道不宽，架几根原木即可解决问题。但如果河道宽度超出了木头的承重跨径，那就需要建桥。建桥的关键是立桥墩，按照卞家山码头栈桥桩基的办法，可以用一组较粗的原木打入水中作为桥墩，再在桥墩上面架设横梁，然后铺上木条或木板即可建成桥梁。因为没有实物资料和图形资料，目前看来这种架桥方法最有可能。

五　娱

卞家山墓地含 10 座儿童墓，占墓葬总数的 15%，说明当时小孩夭折的比例还是挺高的。夭折的原因跟战争恐怕关系不大，因为良渚古国当时是早期强势的区域性国家，且良渚古城是都城，外敌入侵的可能性很小，社会治安相对比较稳定。估计是对某些疾病的束手无策导致了较高

----

[1]　浙江省文物考古研究所：《良渚古城综合研究报告》，文物出版社，2019 年。

的夭折率。不管怎么说，所有的成年人都会经过儿童阶段，在相对安逸的古国都城，儿童虽然要参加一些生产劳动，但一定也有释放天性的时候。家长们也会想尽办法，让孩子们度过一个快乐的童年。

良渚社会的孩子们会以什么方式来度过快乐的童年呢？在卞家山遗址，我们至少可以看到两种方式：第一种是玩泥巴，第二种是打陀螺。

卞家山遗址发现有两件憨态可掬的泥塑，一件是大象，另一件是蜥蜴。大象泥塑为泥质褐陶，长鼻上翘，垂耳，前两足及后半身残；残长 3.5 厘米，残高 2 厘米。蜥蜴泥塑为泥质灰胎黑皮陶，昂首翘尾，嘴巴微张，双眼及四足皆残；长 8 厘米，残高 3.7 厘米（图 3-21:3、图 3-21:4）。两件泥塑都小巧玲珑，稚拙呆萌，应该出自儿童之手。喜欢玩泥巴是小孩的天性，现代某些博物馆也会设立玩泥巴的活动空间，让小朋友们享受玩泥巴的乐趣。

卞家山遗址还出土了两件猪脸容器和狐狸脸容器的残片，猪脸和狐狸脸的面部表情也极富童趣（图 3-21:1、图 3-21:2）。这类动物形容器颇似现代的储钱罐，完整的器物形态在江苏花厅遗址有很多发现，应该也是当时的儿童用品（图 3-22）。

木陀螺在很多良渚文化遗址中都有发现，但数量最多的是卞家山和钟家港。卞家山遗址出土了 28 件木陀螺，基本形状为上部呈圆柱形，

1. 卞家山 T4 ⑩ :24

2. 卞家山 T4 ⑩ :45

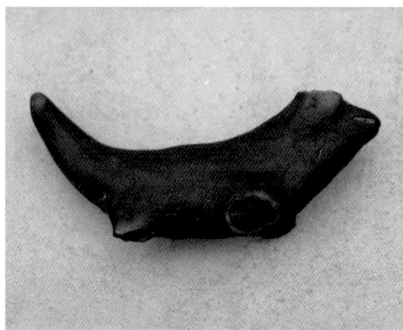

3. 卞家山 G1 ② :239

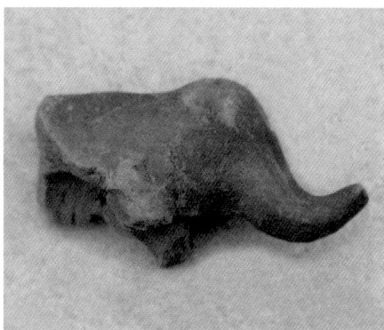

4. 卞家山 G1 ② :233

图 3-21　卞家山动物泥塑

图 3-22　花厅猪形罐（M21-4）

下部为圆锥形。大小相差较悬殊，有的细长，有的粗矮。最大的直径 6.9
厘米，高 9.4 厘米；最小的直径 2.1 厘米，高 3.4 厘米。所用的材质也五
花八门，有栗木、黄檀、榉木、松木、水黄棉、杨桐、糙叶树等。器身
以素面为主，有的有一道或两道凹弦纹的装饰。除个别通体磨光，大部
分陀螺留有明显的斧凿痕迹（图 3-23）。应该说，良渚时期的陀螺与现
代的陀螺十分相似，数千年来几乎没有什么变化。所不同的是现代的陀
螺皆为车床车出，规整圆润，尖部往往镶嵌钢珠。其实精致的良渚陀螺
也十分规整，跟车床车出的几乎看不出差别，我们甚至怀疑，良渚时期
是否就已有了简单的车床。

　　陀螺的玩法，年龄在 40 岁以上的人大多知道，因为小时候可能玩
过。现在的小孩拥有大量的机制玩具，稍大一点即沉溺于电子产品，完
全不知道早年的这些简单玩具。玩陀螺需要一根竿子，一端绑上一根绳
子，玩者手持竿子，甩动绳子，不停地抽打陀螺，以陀螺长时间旋转为
乐。陀螺起动也有讲究，一般先用绳子在陀螺腹部缠绕数圈，然后将陀
螺放至地面，随后拉开绳子，陀螺瞬间处于转动状态。待陀螺快停的时
候，再抽打几下，让其继续转动。如此这般，水平高的人，陀螺基本不
会停下来。如果嫌一个人不好玩，可以多人一起玩，各打各的，但以旋
转时间长者为胜。有的还互相撞击，被撞翻即认输。玩陀螺其实是一项
很好的体育运动，现代人到遗址公园去玩玩陀螺，不失为一种美好的体
验或回味。

1. G1 ② :178

2. T2 ⑪ :5

3. G1 ② :213

4. G2 ② B:63

图 3-23　卞家山出土的木陀螺

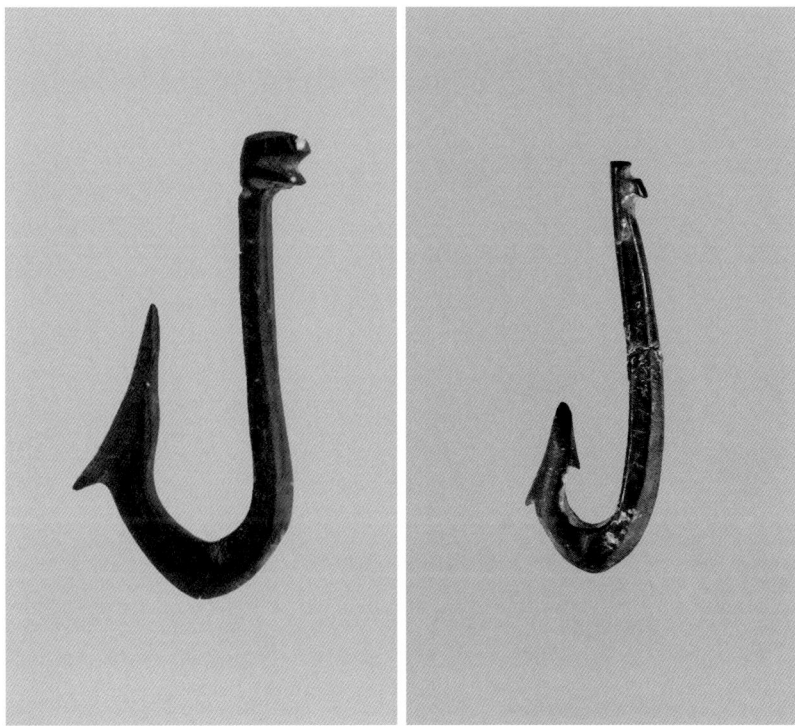

图 3-24　钟家港出土的骨质鱼钩

娱乐当然不只是孩子们的专利，大人们也有娱乐的需求。良渚钟家港发现多枚骨质鱼钩，造型和现代的金属鱼钩几乎一样，也有倒刺（图 3-24）。相信良渚时期的成人中，也有不少垂钓爱好者。

丧葬习俗

　　墓地反映了人类死后的地下世界，包括丧葬习俗、葬具、葬式、随葬物品等诸多内容，同时也隐含着世俗社会的一些内容。因为古人有视死如生的观念，墓地往往折射出古代不同个体之间的角色分工、身份地位和社会关系。卞家山墓地就是一个比较典型的案例，墓葬保存较好，数量较多，延续时间较长，大体反映了家族墓地的结构、内涵和变迁（图 4-1、图 4-2、图 4-3）。

图 4-1 卞家山 M8 清理

图 4-2　卞家山 M45 清理

图 4-3　卞家山 M49 人骨清理

一　葬　制

卞家山发掘区的墓地分布于北部隆起的丘体，共清理 66 座墓葬。根据墓葬的开口层位和随葬品特征，其中有 60 座墓葬可以进行分期，大致可以分为三期，其中第二期又可分为早晚两个阶段。由墓葬分期可知，最初是东北部的一小块，后来往西移动和扩展，然后往南扩至大型灰沟，最后将整个大型灰沟覆盖（图 4-4）。

第一期的墓葬数量很少，只有 5 座，分布于整个发掘区东北部一个早期的人工土丘上。这个土丘从纯净的青灰色生土面开始营建，堆筑土大多纯净，土质结构与粉性生土十分接近，可知堆土来源于周边的生土。从土质土色及堆筑特征判断，这个土丘就是一个专门堆建的墓地，可称之为墓地Ⅰ。

第二期早段的墓葬有 17 座，分布于墓地Ⅰ之上的西北部。这时的土丘在墓地Ⅰ基础上往西北部有了扩大，扩大后的土丘可称为墓地Ⅱ。就这个范围而言，第二期早段的墓葬大体还是分布于墓地Ⅱ中部，墓葬排列也较有序，大体呈西南—东北走向，围绕一片空白区分布。这片空白区长 10 余米，宽约 5 米，面积超过 50 平方米，可能有过与墓地相关的"享堂"之类的公共建筑。以它为核心，宗族或家族成员去世后都围绕着它下葬。

图 4-4　卞家山墓地

　　第二期晚段的墓葬共 22 座。此时的墓地Ⅱ西部已被填平，在墓地Ⅱ基础上形成了一个更大的台子。这个大台子中间开有一条南北向的小沟 G3。这是一条排水沟，从它底部的高差来看，积水往南流入大型灰沟 G1。耐人寻味的是，这一阶段的墓葬就分布在 G3 以东，基本与墓地Ⅱ的范围相当。如此看来，G3 很可能是这一时期墓地的一条分界线，新产生的墓地Ⅲ就局限在它的东面。从这个意义上说，第二期晚段的墓地Ⅲ其实与墓地Ⅱ的范围十分接近，只是地势有所抬升罢了。可作印证的是，这一阶段依然有墓葬围绕着墓地Ⅱ那个特殊的公共建筑分布，说明这个建筑延续的时间较长，到第二期晚段依然存在。与此同时，在其东南部又出现了一个新的空白区，另一批墓葬围绕着这个新的空白区分布，从而将墓葬扩大到了整个墓地。同样的理由，新的空白区可能设立过另一座"享堂"性质的公共建筑。从围绕两处公共建筑的墓葬器物特征来看，新的公共建筑出现后，原来的公共建筑依旧在使用。这就意味着，原来的宗族或家族墓地出现了分化，一个有着血缘关系的宗族或家族支系业已产生。

　　从第一期和第二期早、晚两段墓群的分布来看，这三个阶段的墓葬可以说分布于同一墓地，所谓的墓地Ⅰ、墓地Ⅱ、墓地Ⅲ只不过是其不同阶段的堆扩，其基本的墓葬分布区并没有改变。这些墓葬的埋设过程较清楚，相互之间的衔接也较紧密，它们所归依的应当是同一宗族或家族长时间共同沿用的墓地。

　　第三期的墓葬有 16 座，部分覆盖于大型灰沟 G1 之上。此时 G1 已经埋废，上面又堆叠了两个小土台，发掘区北部已形成一个整体的大台地。第三期墓葬就分布在这个大台地上，看起来分布较散乱，其实也有四个相对集中的区块：（一）原墓地中部有 3 座墓葬；（二）原墓地北侧有 6 座墓葬；（三）原墓地西南部（G1 范围上部）有 4 座墓葬；（四）原墓地东南部（G1 范围上部）有 3 座墓葬。四个区块的墓葬数量都不多，开口层位也不一致，因此，第三期墓葬之间的逻辑关系已无法厘清。

　　总体来说，三期四个阶段的墓葬中，前三个阶段的墓葬在同一个墓地上延续，墓主间的血缘关系比较明显。因为墓地发生了多次扩展，因此第四阶段发现的墓葬数量也较少，且墓葬是在扩展中逐渐埋入的，因此它们之间的关系缺乏线索，难以把握。

　　值得关注的是，M44、M49 的墓坑仅能容身，人骨架在整个墓地中却保存最好。从头颅和盆骨特征分析，这两座墓主人的性别均为女性。由于它们的随葬品极少（M44 仅两件随葬品，M49 无任何遗物），又位于墓地北部边缘，很可能是祭祀坑（图 4-5:1）。少量墓葬中还发现有人骨架错乱的情况，如 M46、M50 肢骨折断错位，M20 头颅倒置。这些墓主人可能系非正常死亡（图 4-5:2、图 4-5:3）。此外，M25 墓坑内有两副人骨架，一副骨架靠近墓坑西壁，仰身直肢头朝北，随葬品几乎全集中在其身上；另一副骨架紧贴东壁，侧身面向前者，而头向朝南。这个

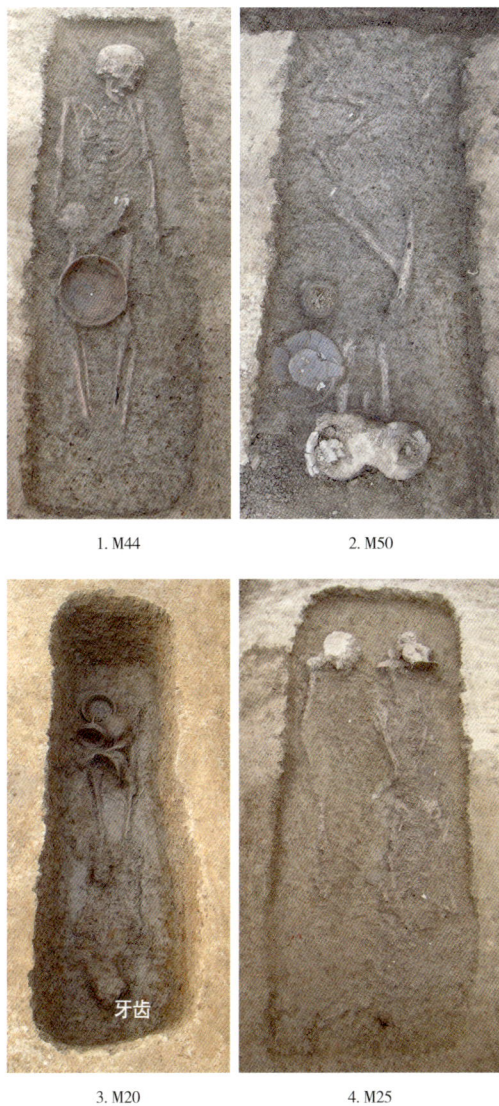

1. M44　　　　　　　　　　2. M50

3. M20　　　　　　　　　　4. M25

图 4-5　卞家山墓葬人骨残骸示例

墓颇有殉葬的特性，但墓主人身上的随葬品仅 10 件，规格也不高，恐怕只能以丛葬或陪葬来解释（图 4-5:4）。

总的来说，卞家山墓地呈现出由东往西，由北至南的扩展过程。前面的大部分时间都较为有序，最后阶段因被破坏严重变得凌乱，看不出逻辑关系。

二 葬 式

卞家山墓地的所有墓葬都为长方形竖穴土坑，但墓坑大小差距比较悬殊，也有部分小孩墓。成人墓的坑口长 180～275 厘米、宽 50～95 厘米；小孩墓的坑口长 85～160 厘米、宽 35～55 厘米。保存最好的 M5 墓坑深达 84 厘米。人骨架的保存状况差别也较大。有 2 座墓（M44、M49）人骨架形态完整，有 10 座墓人骨架基本保存，还能分辨出大致的人体形态（图 4-6:1）。大部分墓葬都只是不同程度地保存着牙齿、肢骨骨渣、头骨骨渣和盆骨骨渣等残骸，但也能根据这些痕迹确定墓向（即墓主人的头颅方向）。另外，有 9 座墓的人骨已了无痕迹，好在他们的葬式和随葬品配置情况跟其他墓葬一致，所以它们的墓向也可以间接得到确定。经统计，墓向朝南的有 30 座，占 45.5%；朝北的有 34 座，占 51.5%；另有 2 座朝东，占 3%。当然，所谓的朝南、朝北都不是为正方向，多多少少会有些偏差。卞家山墓葬的正负偏差一般都在 15° 以内，个别达 30° 以上。

　　很显然，卞家山墓地头向朝北的墓葬超过了半数，这对于良渚文化普遍朝南的墓向来说是个很大的例外。从随葬品的特征和数量来看，朝北的墓与朝南的墓并无多大区别，因此可以排除身份等级差异的因素。

　　据以往的研究，随葬石钺的墓基本上为男性墓，随葬纺轮的墓基本上为女性墓。卞家山墓地的石钺和纺轮几乎不共出（只有 M33 例外），也表现了这样的性别差异。墓地中有 16 座墓随葬石钺，其中 1 座朝北，1 座朝东，其余 14 座皆朝南。这表明随葬石钺的男性墓绝大部分墓向朝南（图 4-6:2）。随葬陶纺轮的墓有 19 座，除了 1 座朝东、1 座朝南，其余 17 座墓皆朝北。由此可见，随葬纺轮的女性墓，绝大部分墓向朝北（图 4-6:3）。据此，我们不妨作这样的判断：在卞家山墓地，朝北的墓绝大部分为女性墓，朝南的墓基本上都是男性墓。以此推断，那些没有随葬纺轮的朝北墓葬，很可能也为女性墓；没有随葬石钺的朝南墓葬，多数可能也为男性墓。同理，儿童墓中如果朝南的墓为男孩墓，朝北的墓为女孩墓，那么男孩墓的数量要明显多于女孩墓，也即意味着男孩的天亡率要大大高于女孩。这种现象应该不能用男性出生率大大高于女性来解释，生男生女的概率总体是均衡的。它很可能反映了男性在日常生活中从小就担负着更多的责任和义务，因此受到伤害和死亡的概率要远高于女性。另外，无论是成人墓还是小孩墓，我们都看不出男性墓的随葬品有多于或少于女性墓的情况，说明在卞家山墓地，男女是基本平等的。

1. M47 残存人骨

2. M33 带石钺

3. M30 带纺轮

4. M66 葬具盖板

5. M66 葬具底板

6. M53 葬具痕迹

图 4-6　卞家山墓葬示例

三　葬　具

良渚时期的墓葬基本都有葬具，除了高级贵族的墓可能有棺、椁结构，多数是单一的棺木。棺木的形态大多以粗大的独木劈成两半，分别掏成凹弧形，然后置于墓坑内一上一下扣合成为葬具，有的在两端设有挡板。由于葬具系木质，经过泥土中酸性成分数千年的侵蚀已很难保存，因此考古发掘中棺木往往都已朽烂殆尽。不过有时也能够找到一些痕迹，比如有明显腐泥的地方可能就是棺木腐烂所致，有的甚至还能看出木质纹理。笔者在良渚石前圩发掘时，曾发现2.5～3厘米厚的棺木腐泥；而在良渚横圩里发掘中，还遇见过两例棺木表面有鲜艳木纹的墓葬。

卞家山墓地的66座墓葬中有25座发现了葬具痕迹，其中M66、M63、M56、M53的葬具木质纹理特别清晰，其他墓葬中有的局部保存有较明显的板灰痕迹，有的虽已成为有机质腐泥，但葬具范围大体可以辨识。M66是葬具保存较好的墓葬之一，葬具由底板和盖板扣合而成。底板凹弧，木质纹理十分清晰；盖板上弧，一侧塌扁，木质纹理也很清楚（图4-6:4、图4-6:5）。M61是另一座葬具保存较好的墓例，该墓也由盖板和底板扣合而成，底板完整，盖板从中间断裂塌陷，两边则依旧鼓突。与M66不同的是,M61的两端还有挡板。M53也能分辨盖板和底板，清理时做了解剖（图4-6:6）。从M66、M61、M53等墓葬的板灰情况来看，两块凹弧的刳木上下相扣，代表了当时流行的葬具。

根据板灰痕迹和腐泥范围推断，卞家山墓地成人墓的葬具长177～235厘米、宽50～65厘米，小孩墓的葬具长100～120厘米、宽28～35厘米。考虑到腐烂后葬具受挤压有所变形，同时制作时需有一定的余量，用来制作棺木的木料直径大体应在30～70厘米，截取的长度则在100～235厘米。而良渚古城地区就在天目山系东侧，山林资源极为丰富，获取这般粗大的木料应该不是难事。

四　随葬品

卞家山66座墓葬共出土随葬品456件，平均每墓不到7件，墓地的整体规格显然不高，总体上属于平民墓地。墓葬之间的随葬品数量相差都不大，最少的M49无任何随葬品，最多的M45和M53也不过16件。经统计，随葬品在0～5件的墓有28座，占42.4%；随葬品在6～10件的墓有26座，占39.4%；随葬品在11～16件的墓有12座，占18.2%。由此可见，随葬品在10件以下的墓占了绝大多数。M46是随葬品较多的墓葬，共随葬13件器物，其中陶器7件，分别为鼎1、豆1、罐1、盆3、纺轮1，另外6件皆为玉器，分别为冠状梳背1、镯1、锥形器1、D形器1、管2（图4-7:1）。

随葬品的种类有陶器、石器、玉器及漆器。陶器数量最多，共228件，占50%；玉器数量次之，共193件，占42.3%；石器数量较少，共33件，

2. M32 陶器局部　　　　　　　3. M32 玉璜出土状况

1. M46 随葬品　　　　　4. M46 玉器出土状况　　　　5. M34 石钺出土状况

图 4-7　卞家山墓地随葬品

约占 7.2%。能分辨漆器痕迹的至少有 4 座墓，但保存都不好，可以编号的仅 2 件，分属 M63 和 M66。

陶器器形有鼎、豆、罐、尊、盆、壶、双鼻壶、杯、宽把杯、纺轮、器盖等十几种。其中鼎 48 件，占 21%；豆 55 件，占 24%；罐和尊（同类且不共存）42 件，占 18.4%；盆 38 件，占 16.7%；壶及双鼻壶 13 件，占 5.7%；杯及宽把杯 12 件，占 5.3%；纺轮 19 件，占 8.3%。上述比例足可证明，鼎、豆、罐或尊、盆是随葬品的基本组合，各自所占的比例均超过 15%，合计所占比例超过陶器总数的 80%。

陶器在墓中的保存状况总体尚可，虽然大多表皮脱落，但由于有葬具的空间支撑，许多陶器在淤满泥土后仍然保持着直立状态，即便翻倒，外观也几乎没有变形（图 4-7:2）。陶器在墓葬中的位置也较固定，除了盆置于墓主头部，其他器物大多放置在墓主脚端，很少有例外，说明随葬品的摆放遵循着一定的规制。

玉器的种类有璜、镯、梳背、D 形饰、锥形饰、坠、缀饰、管、珠、隧孔珠等十几种。其中锥形饰、坠、管、珠是最常见的器种，大部分墓葬或多或少都有这类器物随葬。锥形饰中有 2～3 件成组的，都置于墓主头顶；单独的锥形饰多发现于墓主手部。坠可视为较短的锥形饰，主要出现于墓主胸腹部或手侧。珠、管、隧孔珠的位置各个部位都有发现，相对较多见于墓主胸腹部。规格较高的璜、镯、梳背、D 形饰等器形仅见于个别墓葬。具体来说，璜发现于 M32 墓主胸部（图 4-7:3）；镯见于 M10 和 M46 两座墓的墓主手腕部位（图 4-7:4）；梳背和 D 形饰分别仅见于 M46 墓主的头顶和腹部。从玉器的品级判断，M46 墓主应是卞家山墓地地位最高、最受尊敬的人。

石器以钺为主，偶见刀、锛、镞、网坠。其中石钺 26 件，占石器总数的 78.8%；其他器形分别为镞 3 件，锛 2 件，刀 1 件，网坠 1 件。钺的摆放位置较多，墓主胸部、腹部和腿部侧旁均有摆放的墓例，其中 M34 随葬 6 把石钺和 1 枚石镞，且均置于墓主尸身左侧（图 4-7:5）。锛出现于墓主小腿部，镞置于墓主脚部陶器旁，而网坠见于头部陶盆旁。有意思的是，镞、锛均能和钺共存，很可能同为男性物品。M27 出土一把宽扁的石钺，或可称穿孔石刀，其摆放位置及角度与钺一致，似乎起着与钺相同的功能。唯有网坠与陶纺轮共存，似为女性物品。

墓葬内也随葬漆器，从痕迹样貌来看，很可能都是漆觚，且位置大多在墓主腿部一侧，共有 8 个个体。

令人意外的是，玉器数量达 193 件，占随葬品的 42%，且有璜、镯、梳背、D 形饰等较贵重的物品，这在普通墓地实属罕见。合理的解释是，在良渚古城的"京畿地区"，普通民众的基本条件和社会地位，要明显高于外围地区的普通平民。

此外，小孩墓的随葬品配置跟成人也差不多，有的品种较齐全，有的很少甚至没有。这些小孩的墓穴并未超出相应的墓地范围，且遵循成人墓的排列规则，说明夭折小孩的墓是与成人墓一样被看待的。

第五章

生活用品

民以食为天，这是人类生存下去的首要条件。前面已经谈到过良渚先民的食物资源和饮食结构，本章将讨论良渚先民的各类生活用品和器具，主要有炊器、食器、水酒器、存储器，还有一些暂时无法归入上述几类，姑且称为"其他"。

一 炊 器

人类用火的历史可以上溯至 50 万～ 60 万年前，使用火是人类区别于动物的重要标志。最初可能利用的是雷击易燃物所产生的自然火，让原始人类享受到了熟食的美味。到旧石器时代晚期，终于发明了钻孔摩擦的人工取火方法，从此人类逐步提升驾驭火的能力，拓展了火的应用范围——除了制作熟食，火还可以取暖，可以让木质尖棒变得坚硬，可以使泥墙更加牢固，可以将泥土烧成陶器，等等。良渚文化已进入新石器时代晚期，对火的驾驭能力已十分娴熟，各种陶器的烧制，就是建立在对火的充分认知和掌控基础之上的。

距今 7000 年前的马家浜文化时期，大部分炊器是圆底或平底的釜，使用时要搁在三四块石头或陶支座上。马家浜文化晚期即已出现三足与釜合体的鼎，既方便搬动，也扩大了受火面积，提升了炊煮效率。到崧泽文化晚期，鼎已成为主流炊器。良渚文化时期陶鼎的制作更加成熟，造型更加丰富。先民们知道，炊器要经受烈火的烧灼，器身，特别是三足，都要用掺有沙粒、蚌屑、谷壳等材料的陶土制作，这样就可以起到很好的耐火防裂效果。

良渚文化时期炊煮器中最为常见，用途最广的是鼎，日常的煮饭、煲汤都要用到它。鼎的种类很多，主要表现在器身、鼎足、个体大小等方面。首先，器身就有釜形、罐形、盆形之分。所谓"釜形"是指像炒锅一样口大、底部呈圆形,所谓"罐形"是指像罐一样口小身大,所谓"盆形"是指像盆一样大口浅腹。此外, 罐形器身中有的带高领, 盆形器身中有的呈子母口。其次, 鼎足的形态更是多样, 主要有鱼鳍形足、截面 T 形足、圆锥足、凹弧足、侧扁足、扁方足等, 而不同形态的鼎足安装在不同形态的器身上, 更使陶鼎的造型变化多端。再次, 鼎的体量也有很大差异, 常规的鼎直径都在 10 ～ 20 厘米, 适合一个小家庭使用；部分鼎直径超过 20 厘米甚至达到了 30 厘米, 个别的直径能超过 40 厘米, 它们应是大家庭或大量人口聚集进行公共活动时使用。当然, 各种造型的鼎应该具有不同的烧煮用途, 比如大口浅腹的盆形鼎, 内壁附着物曾检测到较多的动物脂肪酸, 可能用于煮肉, 大口浅腹的形态也便于搅拌。小口深腹的罐形鼎, 则适宜于煮稀饭或者羹。

卞家山遗址也出土了很多鼎, 撇开墓地不说, 地层和遗迹单位内共修复 55 件陶鼎。器身主要为罐形和盆形两类, 罐形鼎中有的带高领, 盆形鼎中有的呈子母口 (图 5-1)。鼎足则有鱼鳍形足、T 形足、圆锥足、瓦形足、侧扁足等多种, 此外, 还有很多无法找到对应器身的鼎足, 诸如正装扁足、侧边捺多个凹窝的扁足、截面呈菱形的足, 等等。个体大小也很悬殊, 如高度最大的鼎 (H5:1) 器高 37 厘米 (图 5-2:1), 口部最大的鼎 (G1 ② :291) 口径达 37.5 厘米 (图 5-2:2)。而个体较小的鼎 (G2 ② :93), 口径 16.9 厘米, 腹径 15 厘米, 高 16 厘米 (图 5-2:3)。G1 ① :298 的鼎足介于圆锥足和侧扁足之间, 基本保存完整, 外壁有明

1. 罐形鼎（G1④:125）

2. 盆形鼎（G1②:294）

3. 高领罐形鼎（G1②:286）

4. 子母口盆形鼎（G2①:104）

图 5-1　卞家山出土的罐形鼎和盆形鼎

1. T形足鼎（H5:1）

2. T形足鼎（G1 ② :291）

3. 小形鼎（G1 ② :93）

4. 圆锥足鼎（G1 ① :298）

图 5-2 卞家山出土的形足鼎

显的使用痕迹，器身和鼎足外侧有厚厚的烟炱（图 5-2:4）。还有一件有明显使用痕迹的鱼鳍足鼎（G1 ② :165），腹部有一个环形把手，左侧 90 度位置的口沿下有一个流口，很可能是一个煎药罐（图 5-3:1）。

良渚陶器中还有甗这种炊器。它也分两种，一种是鼎式甗，即隔档鼎，鼎内腹有一圈承放箅子的隔档，隔档下沿往往有一个注水孔，便于蒸煮中缺失水时添加水，而食物就放置在箅子上。据取样分析，隔档鼎的隔档，内壁留有动物和植物脂肪酸，推测用于蒸菜。另一种是鼎和甑的组合，鼎口搁甑，通过鼎内的沸水将甑内的食物蒸熟。卞家山遗址没有发现甑，也即没有组合的甗，但有多件隔档鼎，个体都较大，因破损较多，注水孔已看不出。

另外的三足器有三足盉与袋足鬶，两者造型略为相似，区别在于前者为实心足，后者为空心足；前者为管状流，后者为束颈流。因为有流口，且足部往往附着烟炱，似乎都可用来为酒、水等液体加温；尤其是袋足鬶，液体主要在三个袋足中，袋足的外壁直接接触明火或炭火，烧煮或温热液体的容量大、热效高。卞家山的实足盉修复 2 件，皆为斜口流，表皮黑亮，造型十分优美，侧视像只跳跃的动物（图 5-3:3、图 5-3:4）；而袋足鬶则只有一个袋足残器和两个残流。有别于其他主流袋足鬶，这件袋足鬶残器十分低矮，且为泥质红陶制作（图 5-3:2）。三足盉与袋足鬶数量偏少，或许跟它们使用频率较低有关。

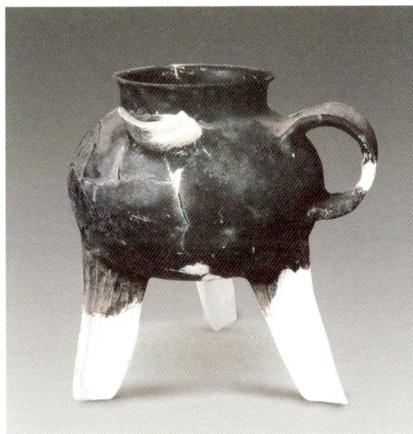

1. 异形鼎（G1②:165）

2. 袋足鼎（T25②:6）

3. 三足盉（G2②:112）

4. 三足盉（G2②:111）

图 5-3　卞家山出土的异形鼎、袋足鬶及三足盉

二 食 器

食器说白了就是餐具，豆、盆、圈足盘、簋等各有千秋，每一种又有很多样式。

豆是最常见的盛食器，高挑的豆把承托浅腹的器身，食物搁置其中，取用十分方便。大致来说，豆有粗矮把和细高把之分，豆盘也有折腹和弧腹之分。折腹豆与弧腹豆其实存在一定的脉络关系，良渚早期以折腹豆居多，良渚晚期折腹豆继续沿用，但新增了大量弧腹豆。卞家山地层与遗迹单位出土的实用类陶豆也有 50 多件，其中弧腹豆 28 件、折腹豆19 件（图 5-4:1—图 5-4:5）。因为卞家山主要是良渚晚期的遗存，所以弧腹豆多于折腹豆也在情理之中。令人意外的是，卞家山遗址还发现了髹红漆的木胎折腹豆，造型、大小、胎壁厚度都十分接近同类陶质折腹豆（图 5-4:6）。因为木胎漆器很难保存，所以我们不清楚漆豆到底占了多大比重，也不清楚漆豆会在什么场合使用。可以肯定的是，良渚时期漆器的应用范围已十分广泛。

盆以弱侈口为主，腹深介于罐和盘之间。卞家山出土的 4 件盆均为弱侈口，但也出土了 2 件钵式盆，其中一件略折腹，另一件呈弧腹。

圈足盘因口部普遍大于深度，总体而言腹部都较浅，可理解为矮版的豆。卞家山出土的实用性圈足盘达 43 件,方唇和圆唇,卷沿和折沿都有,

1. 弧腹豆（G2②B:2）　　　2. 弧腹豆（G2①:126）　　　3. 弧腹豆（G1②:305）

4. 细把折腹豆（G2⑥:117）　　5. 宽把折腹豆（G1②:191）　　6. 漆豆（G1②:205）

图 5-4　卞家山出土的陶豆与漆豆

少数圈足盘的外腹部还饰有凸弦纹或凹弦纹。最大的个体 G1 ② :279 口径 36.7 厘米，高 10.4 厘米，口宽和器高比约为 3.5∶1（图 5-5:1）。最矮的器物 T3 ⑪ A:14 口径 21 厘米，高仅 3.8 厘米，口宽和器高比约为 5.5∶1（图 5-5:2）。卞家山还出土了两件椭圆形圈足盘，这也是良渚晚期才有的器物。

1. G1 ② :279　　　　　　　　2. T3 ⑪ A:14　　　　　　　　3. T4 ⑫ :56

图 5-5　卜家山出土的圈足盘及三足盘

三足盘在卞家山遗址仅发现一件（T4 ⑫ :56），表皮黑亮，敞口圆唇，束颈折腹，三足为瓦形。腹壁有四道凸弦纹，瓦足面刻有三组交错的平行划线。口径 22 厘米，高 9 厘米（图 5-5:3 ）。

簋多呈子母口，大多口部有三个鼻饰，通常带盖（墓葬里的盖相对容易保存），刚好扣在子母口上，能起到防尘和保温的作用。卞家山遗址发现陶簋 18 件，器盖均已丢失。有的外表装饰有凸弦纹或凹弦纹。其中有一件将圆口压成方口，十分罕见，子母口外侧饰 4 个鼻饰（图 5-6:1 ）。另外还有一种夹砂陶簋，敞口，圜底或近平底，小圈足，个体相对较大，可能和常规的陶簋功能不同，有的学者将其归入夹砂缸之列（图 5-6:2、图 5-6:3 ）。

1. 方口四鼻簋（G2 ① :108）   2. 敞口簋（G1 ② :240）   3. 敞口簋（G1 ② :43）

图 5-6 卞家山出土的陶簋

从造型来看，这些器物应该具有相对固定的用途，有的用来装副食，有的用来盛主食。按常理推断，腹部较浅的器物如高把的豆，略高的圈足盘和三足盘，可以用来盛放干货食物或者蔬果；腹部较深的器物如盆、簋，则可能用来盛装带汤水的食物，尤其是呈子母口的簋，基本都有盖，说明这类器物具有保温和汤水不易洒出的特性。

三 水酒器

水酒器是比较含混的说法，因为我们无法确定某类器物到底是酒器还是水器。这些器物包括双鼻壶、贯耳壶、壶、杯、宽把杯、匜等，也许其中某些器物本就没有什么固定的用法，既可盛酒，也能盛水，两者皆可通用。从形态和体量上看，双鼻壶、杯可以用来盛水，也可以用来盛酒。

139

　　双鼻壶的造型比较一致，由器身、圈足和带鼻的颈部构成，只不过各部分的比例不同而已。这个比例的变化其实反映了双鼻壶的演化脉络，即早期圈足较矮、器腹较深、颈部较短，到晚期逐渐变为圈足较高、器腹较扁、颈部较长。不过总体而言，双鼻壶颈部还是长于圈足的。卞家山遗址共出土 13 件实用的双鼻壶，大部分圈足较高、器腹较扁、颈部较长，体现了良渚晚期的特征（图 5-7:1、图 5-7:2）。其中 G1 ② :88 颈部饰两组螺旋纹填平行之字纹，中间以五条凸弦纹相隔；扁腹肩部还刻有一圈鸟纹（图 5-7:3）。另有一件双鼻壶颈部刻画三个动物纹饰，其中一个龟形动物纹较完整，其余两个仅露爪子，无法判断是何动物（图 5-7:4）。在良渚文化中，双鼻壶是一种特定的器物，一些个体较大的壶，有的也有长颈并带双鼻，但它们与双鼻壶是两类器物，不能混为一谈。

　　贯耳壶是良渚文化的另一种标志性器物，平底或圈足，垂鼓腹，肩部有一对纵向的竖耳，束颈处几乎都有一圈凸棱。这种壶通常用于井里取水，所以常发现于井底。卞家山遗址没有发现水井，也没有出土能修复完整的贯耳壶，但发现了一件彩绘的贯耳壶残片，器身绘有填平行线的螺旋纹，耳部则有竖向的条纹。类似的彩绘贯耳壶在美人地遗址有完整修复器发现，彩绘的螺旋纹两端尖首，颇似蛇形动物。

　　杯的造型可谓千姿百态，有平底的，有圈足的；有粗矮的，有瘦高的；有敛口的，有侈口的；有直腹的，有鼓腹的；有带把的，有无把的；

1. G1 ② :146 　　　　　　2. G1 ⑥ :197 　　　　　　3. G1 ② :88

4. G1 ② :87

图 5-7　卞家山出土的双鼻壶

个体大小也有较大差异。卞家山地层及遗迹单位内出土了 16 件陶杯，上述特征都有出现，有的还饰多道装饰性突脊（图 5-8）。

宽把杯也是一种特定的良渚器物，器身有粗矮和细高两种，或敦厚矮壮，或高挑瘦长，或素面，或呈竹节状，有的还刻满花纹。卞家山出土了两件较完整的宽把杯，均为素面瘦长型（图 5-9:1、图 5-9:2）。另外，卞家山还发现了 6 件宽把杯的盖子，多数属于瘦长型的宽把杯。

匜有夹砂陶胎质，也有泥质陶胎质。夹砂陶匜往往有烟炱等用火痕迹，因为是平底或小三足，可直接置于炭火上加温。匜的把大多较宽，有的跟宽把杯的把完全相同。更有意思的是，匜和宽把杯都带流口，而且流口和把手都在同一直线上，不适合自饮，可能都是分饮器。卞家山出土了 3 件匜（原报告称盉），均为夹砂红褐陶，一件平底，两件三乳足；平底的流口较短，乳足的流口较长；有一件还残留烟炱痕迹（图 5-9:3—图 5-9:5）。

两种分饮器的存在，很可能意味着有不同的使用对象。巧合的是，三足盉与袋足鬶也是两种烧煮液体的器皿，它们也可能有不同的使用对象。对此，我们很自然地会联想到仪式性的茶席和酒席。在良渚文化的诸多陶器中，三足盉、匜、杯可以构成一套完整的茶具，三足盉用来煮开水或茶水，匜用于分茶，杯子用来喝茶。而袋足鬶、宽把杯、双鼻壶

1. G1 ③ :155　　　　　　　2. G2 ① :161　　　　　　　3. G2 ② B:29

4. T4 ⑫ :112　　　　　　　　　5. T4 ⑪ :43

图 5-8　卞家山出土的陶杯

1. G2 ② :88   2. G1 ② :243   3. G2 ④ :46

4. G2 ③ :158   5. G2 ② :114

图 5-9　卞家山出土的宽把杯及匜

也可以构成一套酒具，袋足鬶用来温酒，宽把杯用来分酒，双鼻壶则用来饮酒。其中装饰华丽的袋足鬶、刻满花纹的宽把杯和双鼻壶，可能用于重要的庆典活动或祭祀场合。事实上，由于双鼻壶和宽把杯形制较为

1. G1 ② :124　　　　　　　　　　2. G1 ② :171

图 5-10　卞家山出土的容器类漆器

规范，而且大多带盖（原本应该都配盖），它们专用作酒器的几率很大，因为合上盖子可以保温，也可以抑制酒精挥发。不过，两者的体量十分接近，宽把杯是否用于分酒还有疑问，不排除它也用于自饮。

　　卞家山遗址还发现 8 个漆觚个体及 1 个筒形漆器，显然也属于酒水器，估计应在仪式性场合使用（图 5-10）。漆觚是卞家山遗址的一项重要考古新发现，在此之前没有明确的漆觚被发现，也没有陶觚，可以说，卞家山漆觚的发现填补了空白，也为三代青铜觚的出现找到了源头。

四　存储器

存储器普遍个体较大。数量最多、个体差异较大的陶罐，应该是最主要的储存容器，无论干的或液态的食品都可存放。罐分平底罐和圈足罐，胎质以泥质陶为主，也有少量为夹砂陶。卞家山遗址地层和遗迹单位共发现平底罐 17 件、圈足罐 5 件、三足罐 1 件、小罐 8 件。其中圈足罐和三足罐为夹砂陶，其余为泥质陶。一些罐在肩部或肩腹部装饰细密的凸弦纹，一件直领球腹罐呈子母口（图 5-11:1），一件圈足罐带双耳（图 5-11:2），唯一的一件三足罐附有鸡冠鋬（图 5-11:3）。

良渚晚期出现一类口部带戳点纹的卷沿泥质红陶罐，风格统一，个体普遍较大，似有专门的用途。这类罐在卞家山遗址数量也不少，并已形成系列。卞家山完成修复的此类红陶罐有 13 件，口径 11 ～ 43 厘米不等，高度 13 ～ 73 厘米不等。其中 G2 ②:128 较矮胖，G2 ① :131 较高挑，G1 ② :118 口部较大（图 5-12）。

大型的尊、瓮等可以储存水或酒。尊由圈足罐发展而来，因为有高圈足，储量相对有限；卞家山出土 4 件尊，圈足一个比一个高，圈足越高，里面可存储食物的空间越小（图 5-13）。瓮则容量极大，江苏高城墩遗址

1. G1 ③ :129   2. G1 ① :90   3. T4 ⑫ :84

图 5-11　卞家山出土的陶罐

1. G2 ② :128   2. G2 ① :131   3. G1 ② :118

图 5-12　卞家山出土的陶罐

1. G1 ② :163　　　2. G1 ⑧ :286　　　3. G2 ② B:14　　　4. 台1 ③ :47

图 5-13　卞家山出土的陶尊

一个红烧土台面上发现过很多陶片，经修复是一个大陶瓮，大口小平底，直腹下略收，器高达78厘米,可能是目前所见体量最大的良渚器皿。此外，大型的盆、圈足盘等，可以盛放干粮或蔬果。因为口大，盛放和取用都很方便。卞家山的圈足盘里，个体较大的也不在少数。

存储器中还有一些特殊的器形，例如子母口罐、子母口缸。因为口部呈双重的子母形，子口和母口之间的凹槽可以蓄水，盖子扣上之后即可达到密闭的效果，酷似现今的泡菜罐，或许当时就是用来腌菜或泡菜的。卞家山有一件圈足罐颇似泡菜罐，罐肩部有一圈竖立的挡条，挡条下部有 6 个细孔，不知起何作用，因为有这些孔就无法在槽口蓄水隔绝空气（图 5-14:1）。有的子母口器个体十分硕大，如卞家山遗址所见的两个双唇缸，直口连直腹，直径分别达 42 厘米和 59 厘米（深度不详），

1. G1 ② :251

2. G2 ④ :54

3. G2 ① A:28

4. G1 ① :82

图 5-14 卞家山出土的子母口陶器

具有惊人的储存容量（图 5-14:3、图 5-14:4）。还有一件子母口缸的母口外饰有一对横耳，器身较高（图 5-14:2）。这几件双唇缸非常适合做泡菜，只要盖上盖子后在双唇内灌满水，就可以有效隔绝空气，长时间保存里面的泡菜。此类器物的存在，很可能是因为良渚先民需要制作和存放长期食用的菜品。

五 其 他

卞家山遗址还出土了一些之前不曾见过，或可称为稀奇古怪的器物，例如一件长方形四足盘，用夹砂灰褐陶制成，长 62 厘米，宽 49.2 厘米，高 13.6 厘米。宽折沿，两条长边的中间折沿间断并向上梯形隆起；大平底偏一角位置有一圆孔。这件器物的用途很难猜测，有四足可以受火，可作炭盆或烧烤盆，却不见有火烧和渗碳的痕迹；长方形浅盘底有一圆孔，又似水槽；而作水槽，长边的中间又不需要隆起，实在让人匪夷所思（图 5-15:1）。

卞家山遗址 G1 还出土了两件簸箕形插勺。一件为泥质红褐胎黑皮陶（G1 ② :283），平面呈扁圆形，器身如浅盆，流口较斜直，与流口相对的一侧有环形宽把；长 23.5 厘米、宽 21 厘米、高 6 厘米（图 5-15:3）。另一件为夹砂灰褐黑皮陶（G1 ② :18），平面呈 "凤" 字形，沿面外翻，流口斜腹外张，相对的一侧设环形宽把；长 24 厘米、宽 18 厘米、高 5.5 厘米（图 5-15:2）。这两件器物应是插取粮食的工具，类似的直柄木插勺在卞家山遗址也有发现，只不过器身稍浅且为直柄（图 5-15:4），样子跟现代木质插勺如出一辙。

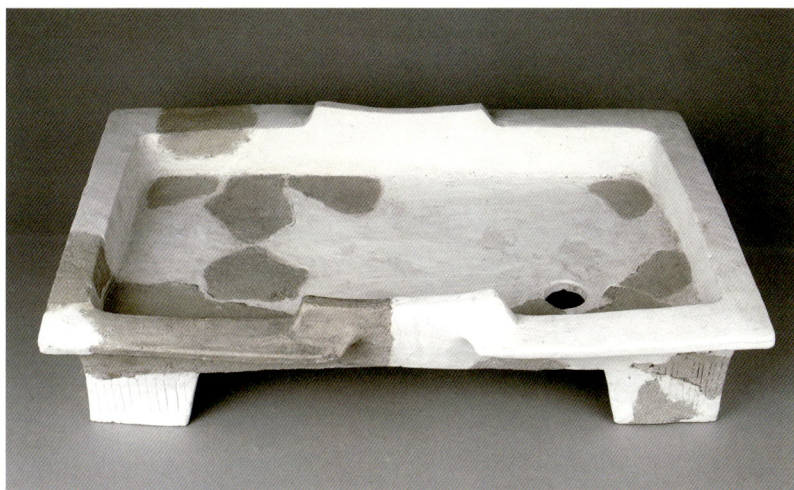

1. T4 ⑩ :5

2. G1 ② :18

3. G1 ② :283

4. G1 ② :210

图 5-15 卞家山出土的异形器物

　　此外，卞家山 G1 内还发现一件罕见的人头骨容器。此器直径
13.5 ～ 17.5 厘米，高 6.2 厘米。它以成年人的头盖骨割削制成，切割
面不太平整，局部有切割痕。容器两端各有一对穿孔，可以绑绳提拎
（图 5-16）。同类器物在上海福泉山的吴家场 M207 也有发现，杭州吴越
陶瓷博物馆也有一件，据称出自余杭南湖。推测这类器物是用俘虏的头
骨制成，具有污辱敌人、炫耀武力和提升威望的作用。

　　这种头骨容器和历史上的藏区嘎布拉碗（颅器）惊人相似，嘎布拉
碗也以人头骨椭圆形的顶骨制成。作为各种金刚乘神灵的供器、饭碗或
祭祀用碗，瑜伽师、大成就者、空行母、本尊神和护法神的左手都持有
嘎布拉碗。碗内盛有甘露、精液、酒、朵玛供品，化现为恶魔的邪恶之
敌的鲜血、骨髓、肠子、脂肪、大脑和心肺。作为苦行僧的乞讨钵或饭
碗，嘎布拉碗则呈现出温婉慈悲的一面，它时时提醒人们牢记死亡、无
常及造成生死离别的生命的短促和稍纵即逝。作为温和神或略带怒相之
神的器物，嘎布拉碗是最有效力的中介物。据载，元朝时西藏喇嘛僧人
杨琏真伽盗掘南宋六陵，用宋理宗的头盖骨做成骷髅碗，奉献给元朝帝
师，以为就此可以功德无量。

　　卞家山遗址还有很多与主器"失联"的器盖，可辨形态的有 54
件，分属鼎、罐、壶、簋、杯、双鼻壶、宽把杯等各类器物。其中有
一件鹰脸器盖（G2 ② B:23）很独特，具有崧泽文化的遗风（跟南河

图 5-16　卞家山出土的头盖骨容器

浜 M11:5 鹰头壶十分相似），可能是杯或壶的器盖。弧尖的鹰鼻正好可以用来做捉手，此器用泥质灰胎黑皮陶制成，表面光亮。子母口，背面做鹰脸造型。乳丁加两个圆圈为鹰眼，突起的鹰钩鼻两侧刻有代表鼻孔的圆圈。鹰脸额部还有两个用来连接器身的小孔。整个器盖口径9 厘米、通高 5 厘米（图 5-17）。

图 5-17　卞家山出土的鹰脸器盖

第六章

工具和武器

　　史前时期的生产工具和武器，大多为石质制品。良渚文化处于新石器时代晚期阶段，石器制作已达到很高水平，产品种类十分丰富，大致有锛、凿、斧、钺、镞、刀、耘田器、镰、犁、破土器、耜、网坠、纺轮、砺石等 10 多种。这些石器大体可分两类，一类是以打制为主，制作比较粗糙的农具，如镰、犁、耜、破土器等，由于已形成配套的农耕体系，成就了良渚社会稻作农业的快速发展。另一类为其他生产工具、武器和日常用具，大部分磨制精良，匀致光洁，其精湛的石器加工技术，也为玉器制造业的辉煌奠定了基础。

　　这些石器有的可以单独使用，有的要装柄使用。按照功能大致可分为农具、木工工具、切割工具、杀伐工具四大类。

一 农 具

良渚文化的稻作农业领先于同时期其他考古学文化，不仅拥有成套的石质农具，也发现了大规模的农田，还出土了数以万计的炭化稻米。在古城宫殿区莫角山东坡一条探沟内，发现成片的炭化稻米堆积，据估算，这里的碳化稻米约有两三万斤。而在莫角山西南面的池中寺遗址，揭露了一处疑似被烧毁的大型粮仓，炭化稻谷的总体量约 6000 立方米，根据随机取样所获得的稻谷平均密度，估算此处的碳化稻米总量可达近 20 万公斤。[1] 而它周围三面环水，原本应该是一个"皇家粮仓"。良渚的稻田在临平茅山遗址有大面积发现，该稻田由东西向的排水沟和南北向的红烧土田埂分割成长条形的田块，每个田块的面积约 1000 ～ 2000 平方米。整片稻田的分布面积达 80 多亩。[2] 据农业专家研究，良渚时期的稻田亩产约 200 多斤。以 250 斤的亩产推算，茅山稻田可以生产稻米 2 万斤即 1 万公斤左右。如果自己留一半，供给良渚古城一半，那么池中寺的粮仓至少要 40 个茅山的农田来提供粮食。事实上，良渚古城内的粮仓不可能只有这么一处，按照赵辉先生的推算，整个良渚古城需要

---

[1]　浙江省文物考古研究所：《良渚古城综合考古报告》，文物出版社，2019 年。
[2]　丁品等：《浙江余杭茅山史前聚落遗址第二、三期发掘取得重要收获》，《中国文物报》2011 年 12 月 30 日。

3000 个茅山这样的村落提供粮食支撑。^① 由此可以推算，良渚古国的控制范围至少应该在 1000 平方千米以上。

良渚时期最明确的农具是镰和犁，它们的造型可以说一直延续到了今天，使用方法也一样，只不过材质由石变成铁而已。当然，细节上还是有一些区别的，比如良渚的石镰样子不太统一，刃部绝大多数没有锯齿，而且装柄后多数为左手持握。有专家据此认为，良渚先民以左撇子居多。在卞家山遗址，共发现 3 把石镰，其中两把较窄的为左手持握，一把较宽的刃部居中，似乎两手都可使用（图 6-1:1、图 6-1:2）。有必要一提的是，桐乡姚家山遗址曾发现 5 把玉镰^②，显然不是实用器，而应是特别制作的仪式性道具。大概当时的统治者对农业非常重视，在收割之前，要搞一个祈祷丰收的仪式。

石犁分单体石犁和组合石犁两种，单体也好，组合也罢，完整形态都呈等腰三角形状，通过窄尖角破土。不过它本身只是一个犁头或"犁铧"，无法单独犁田，必须安装在犁托上，然后固定在犁架上方能使用。一套完整的石犁在使用过程中要前拉后扶，因此，犁架的拉杆头部应有

---

① 赵辉：《良渚的国家形态》，《中国文化遗产》，2017 年第 3 期。

② 王宁远：《桐乡姚家山——嘉兴地区良渚文化最高等级墓地》，《浙江考古新纪元》，科学出版社，2009 年。

1. 台Ⅰ②:25   2. G2②B:30   3. T26③B:1

4. T25③B:3   5. 台Ⅰ③:12

图6-1　卞家山出土的石质农具

固定绳索的穿孔或倒钩，扶手部位的高度和倾角要适合徒手操作。据研究，良渚时期还没有合适的牲畜拉犁，牵引石犁的很可能是人力。在湖州毗山遗址，崧泽文化晚期已大量出现石犁，61座墓葬出土21件石犁[1]，可见石犁在崧泽文化晚期已较流行。不过良渚文化时期石犁个体逐渐增大，尖角也有收窄的趋势。组合石犁在崧泽文化晚期已有出现，到良渚文化时期体量更大。组合石犁由三角形犁头加两片穿孔石刀式的犁翼构成，安装到犁托上之后能大大增加石犁面积，从而明显提高翻土效率。卞家山遗址只发现一块石犁尖角和一片被改制的石犁残片，可能与其所处的位置有关。良渚古城周围迄今没有发现水稻田，并且农业专家认为古城内很可能不存在水稻田，原因是作为信仰和权力中心，除了为宗教和政治服务的高端手工业，其他基础的生产行业并不重要，所以古城内发现石犁的概率会比较低。

所谓"耘田器"是良渚文化特有的器形，基本造型为宽扁形，刃朝下，上边中央凸起，凸起处通常有一圆孔。钱山漾遗址发掘时被视为耘田的工具，故名"耘田器"。今天，大多数学者已不认可这种观点，原因是它的器身较薄，垂直装柄后一使力就容易折断；另外，有的"耘田器"没有穿孔，或穿孔很小，根本无法装柄。目前大多数学者倾向于认为，这种石器应是处理和加工动物皮肉的工具，孔洞上穿一绳子并打结，大拇指套进，依靠其他四指的控制，即可分割兽皮、切割肉食。卞家山遗址出土 6 件"耘田器"，却有 5 个品种，可谓种类繁多（图 6-2）。两件为半残的常规"耘田器"，两翼舒展上翘，刃部弧突，凸块中间穿孔

① 浙江省文物考古研究所、湖州市博物馆：《毗山》，文物出版社，2006 年。

1. G1 ⑥ :261   2. G2 ② :170

3. T3 ⑪ C:76   4. T1 ⑩ :9

5. T4 ⑩ :8

图 6-2　卞家山出土的石质 "耘田器"

较大。G1 ⑥ :261（图 6-2:1）刃部呈 V 字形，与常规的"耘田器"有所不同。G2 ② :170（图 6-2:2）刃部呈圆角 V 字形，背部凸块和翘角断残，边缘饰 5 个大致水平分布且等距的小穿孔。T1 ⑩ :9（图 6-2:4）背部作两角上翘，刃部呈浅 V 字形。T4 ⑩ :8（图 6-2:5）个体较小，凹弧背，中部榫状鼓突。很显然，这些五花八门的"耘田器"，有的有穿孔，有的没有（如卞家山 T1 ⑩ :9 和 T4 ⑩ :8）；有的穿孔大，有的穿孔小；有的不止一个穿孔，而是一排（如图 6-2:2）。但刃部基本相同，即弧凸或 V 字形外凸。它们都可用手操持，而且手感舒适，适合刮削。至于是否固定用于切割兽皮，那倒不一定，也有学者认为是收割稻穗的。总之，良渚先民发明了这样一种特殊造型的器物，一定有其不可替代的用途。桐乡姚家山遗址甚至还出土了玉质的"耘田器"，其重要性不言而喻。[1]

良渚文化还有一种被称为"破土器"的石器，形状呈三角形，一边有斜短把，打制为主，除了刃部基本不做打磨。通过短把可以绑扎木柄，安装长木柄可以做削草的农具，安装短木柄可以做厨刀。卞家山出土 2 件破土器，一件（图 6-1:4）斜把顺着一边延伸，一件（图 6-1:5）斜把做过修磨。在卞家山也出土了一件石耜（图 6-1:3），背部榫状鼓突，可以垂直装柄，器身较扁（可能是长期使用磨损所致），刃缘残。

---

[1]　王宁远：《桐乡姚家山——嘉兴地区良渚文化最高等级墓地》，《浙江考古新纪元》，科学出版社，2009 年。

图 6-3 卞家山出土的木耜（正、反）

说起农具，也不能忘了还有木质农具。卞家山遗址发现一件完整木耜，长 116 厘米，T 形把手。耜首呈舌形，叶背有鼓突的横脊，可以踩脚使力，便于翻土开沟（图 6-3）。钟家港遗址也发现一件完整的木耜，造型和卞家山这件基本相同，不同之处是其叶部超长而且头部方直。如果这就是木耜的初始模样，那么卞家山这件就是已经使用很久、磨损很严重的标本了。卞家山遗址还有一件残木锹，仅剩锅铲形的叶面，也能用来翻土开沟，平整农田。

二　木工工具

良渚文化石器中，石锛的数量最多。形态各异、大小不等、制作精度不同，喻示着石锛的应用范围十分广泛。然而，石锛的使用功能取决于它的装柄方式。由于木柄极易腐烂，考古发掘中很难遇到带木柄的标本。但是在缺氧恒湿的特殊埋藏环境中，这样的器物偶尔也能够遇到。迄今所知考古发掘或采集到的带木柄石锛有如下几处：

江苏溧阳沙河乡洋渚遗址 3 件 [1]（图 6-4:4）

江苏澄湖良渚文化古井 1 件 [2]（图 6-4:2）

浙江湖州千金公社向上大队 1 件 [3]（图 6-4:3）

浙江余杭南湖 2 件 [4]（图 6-4:1、图 6-4:5）

这些带柄石锛有一个共同特征：木柄一头较粗，较粗的一头凿有卯孔或透孔，石锛即插入卯孔或透孔之中。所见的石锛多数为有段石锛，也有常型锛。大多石锛的刃缘平行于木柄，它们应是砍劈工具。也有个别石锛的刃缘垂直于木柄，似乎是刨砸工具。

......

[1]　肖梦龙：《试论石斧石锛的安柄与使用》，《农业考古》1982 年第 2 期。

[2]　南京博物院、吴县文管会：《江苏吴县澄湖古井群的发掘》，《文物资料丛刊》第 9 辑，文物出版社，1985 年。

[3]　林华东：《良渚文化研究》，浙江教育出版社，1998 年。

[4]　赵晔：《余杭南湖遗址》，《浙江考古新纪元》，科学出版社，2009 年。

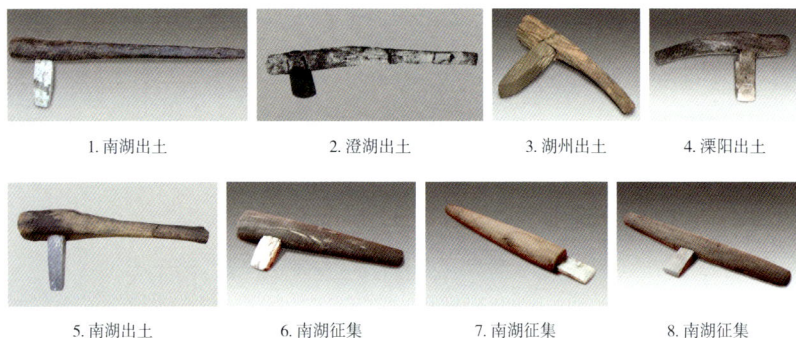

1. 南湖出土   2. 澄湖出土   3. 湖州出土   4. 溧阳出土

5. 南湖出土   6. 南湖征集   7. 南湖征集   8. 南湖征集

图 6-4　良渚文化带柄石器

　　除此之外，自 20 世纪 90 年代开始，浙江余杭南湖、北湖、东苕溪等地陆续有带柄石器出土，尤其是 2006 年至 2008 年，随着余杭南湖整治工程的推进，集中出土了多批保存完好的带柄石器。这些带柄石器均出自古河道或冲积扇的沙土中，埋藏环境也很好。从装柄方法来看，其中的带柄石锛多数跟考古发掘获得的带柄石器相似，即插入木柄较粗一端，使用时类似斧头。但也出现了其他两种不同的装柄方法：一种是将石锛插入较粗一头的木柄顶端，使用时石锛就成了凿子；另一种是将木柄制成两头细中间粗，石锛就嵌入较粗的中部，使用时石锛就成了刨子（图 6-4:6—图 6-4:8）。这些石锛中有的制作十分精细，并且后两者的装柄方法很特殊，一些学者对它们的真实性有所怀疑。笔者认为这样的装

168

柄方法十分合理，也没有超越良渚社会的发展程度。良渚先民既然能制作那么复杂的榫卯结构，成套的木作工具一定会有很多装柄方法。[①] 要让木头平直方整，必然要用到刨子。石凿作为掏孔工具，石器也应该顺向插入木柄粗端的顶部，只有器身与木柄成直线，一手握着木柄，一手举着木槌敲击，匠人才能精确而快速地凿出卯孔。而同样方法装柄的石锛，可以视为较宽的石凿。

卞家山遗址出土石锛 49 件，可分直背、突脊、有段三类。数量最多的是有段石锛，共 26 件。有的有段石锛制作相当规整，打磨也极好，甚至超过了很多玉器的光亮程度（图 6-5:1）。有段石锛一定是带木柄使用的，其收缩的段背刚好可插入木柄的卯孔中。其次为常型锛，数量 18 件，这里面有一些很小的石锛，应该是作为楔子使用的。将它们顺着木质纹理成排楔入原木，按次序一点点打入木头，最终可以劈开木头——这是古人想出的开解木头的好办法。卞家山出土的石凿有 6 件，虽然数量不多，磨制却都较为精良（图 6-5:2）。还有一件奇怪的石器（T3 ⑫ :100），乍看像四面坡的房屋模型，实际上应该是一种尖刃工具，器身可插入木柄的槽孔，刃部有崩疤，当为使用痕迹（图 6-5:3）。

---

① 赵晔：《良渚文化石器装柄技术探究》，《南方文物》2008 年第 3 期。

1. T4 ⑪ :75　　2. G1 ③ :20　　3. T3 ⑫ :100　　4. T3 ⑪ A:61　　5. G1 ② :19

图 6-5　卞家山出土的石锛、石凿及木槌

跟木工活密切相关的木槌,卞家山也发现了 2 件,其中一件(图 6-5:4) 头部粗大, 类似于现代的榔头 ; 另一件 (图 6-5:5) 则两端圆弧, 两头均 可使用。头部粗大的木槌, 在余杭庙前遗址也发现 2 件。

三　切割工具

切割工具主要指各类刀具。前面所述的"耘田器"其实也应是刀具 的一种, 虽然它以刮削为主, 但垂直切割也不成问题。例如猪是良渚先 民的主要肉食,宰杀猪时,"耘田器"可以用来刮削猪皮,也可以切割猪肉。

卞家山地层和遗迹单位共出土 16 件石刀, 种类很多, 基本涵括了 良渚文化的各种刀型。大致可分四类 : 第一类是斜把, 数量最多, 有 9 件 (图 6-6:1—图 6-6:4)。刀刃有长有短, 有直有微弧, 但共同之处是刀把斜直；有的小巧玲珑，刀把上还有穿孔，可以随身挂在腰上。第二类是直把，数量2件（图6-6:5、图6-6:6）。刀身后部弯折成直把，有一件把部带小穿孔。这种石刀的尖部也会受力，所以容易折断，故两件直把石刀都缺失头部。第三类无把，也只有2件，半圆形或直条形，一边是刃，另一边就是背（图6-6:7）。第四类靴形，共3件（图6-6:8—图6-6:10）。造型呈L形，长边的外侧为刃，上翘的把手可以前后使力，做切割的动作。农具中的斜把破土器，有的学者认为是厨刀，也可备一说。

　　还有一种石刀卞家山遗址没有发现，即多孔石刀。多孔石刀源于宁镇和江淮地区，良渚文化遗址中偶有发现。如上海福泉山墓地出土了5件多孔石刀[1]，海宁皇坟头墓地也出土了好几把多孔石刀[2]。另外，在桐乡新地里、海盐周家浜也有多孔石刀发现[3]。多孔石刀呈长方形，长边为刃，背部钻有2～5个甚至更多的成排的穿孔，装短柄后类似于现代的菜刀。

....

① 上海市文物管理委员会：《福泉山》，文物出版社，2000年。
② 芮国耀：《浙江海宁市皇坟头新石器时代遗址》，《中国考古学年鉴（2013年）》，文物出版社，2014年。
③ 浙江省文物考古研究所：《新地里》，文物出版社，2006年；蒋卫东、李林：《海盐周家浜遗址发掘概况》，《崧泽良渚文化在嘉兴》，浙江摄影出版社，2005年。

1. T4 ⑫ :88   2. 台 I ② :35   3. G1 ② :22

4. T4 ⑩ :16   5. T10 ⑨ :1

6. T9 ⑧ B:4   7. G2 ⑥ :67

8. T9 ⑧ B:3   9. 台 II ⑫ :16   10. G1 ① :215

图 6-6 卞家山出土的石刀

总之，人们日常生活中离不开刀具，古代先民也不例外。诸如屠宰畜禽、切割肉块和蔬果时，需要锋利的刀；制作竹编器物时，劈削竹篾需要扁薄的刀；刮磨麻和葛纤维表层粗皮时，需要钝的刀，等等。当然，刀具也不一定非得是石质，竹刀、骨刀、蚌刀等都可以使用，而且可能会更锋利、更耐磨、更好使，只不过我们没有发现而已。

四　杀伐器具

良渚文化已迈入区域性早期国家社会，这个古代国家在相当长时期内保持强盛，周边的邦国或部落不太可能会对它进行骚扰，更别说有消灭它的想法。这种安稳的局势看似云淡风轻，其实需要有强大的统治基础和武装力量做后盾。那么，良渚文化有专门的军队吗，武器有哪些？

考古资料中能够判定为武器的只有石钺、石镞、木矛几种。而且这些器物也未必单纯用来对付敌人，还可以用于狩猎。至于是否有专门的军队，理论上应当有，如古城内应有专门的卫队，边陲也该有一定的卫戍武装，只是很难获得考古证据。其实很多墓地的男性墓都出土有石钺，表明良渚时期还有亦兵亦农或亦兵亦工的后备力量，平时务农务工，战时可以集中调度出征。

良渚时期，一般的男性墓葬中通常只随葬一把石钺，偶尔也会有随葬多把石钺的情况。但是，有的墓较特殊，墓内的石钺数量可达数十件甚至百余件。目前所知成批随葬石钺的墓葬有：余杭横山 M2 随葬 132 把石钺 [1]，余杭汇观山 M4 随葬 48 件石钺 [2]，余杭文家山 M1 随葬 34 件石钺 [3]，桐乡姚家山 M3 随葬 25 件石钺 [4]，反山 M20 随葬 24 件石钺，反山 M14 随葬 16 件石钺 [5]，良渚后杨村 M4 随葬 16 件石钺。这些墓不但石钺多，还有高等级的玉器，甚至有玉钺，说明墓主地位较高，同时拥有不同等级的军事指挥权。而在 2010 年前后发掘的临平茅山遗址，随葬 10 件以上石钺的良渚墓葬有 8 座，石钺数量 13 ～ 27 件不等。其北侧的玉架山遗址，也有 9 座墓分别随葬 10 ～ 17 件石钺 [6]。然而这些墓的规格并不高，不但石钺个体小、制作粗糙，其他随葬品也只有陶器，几乎没有玉器，这些墓主可能只是骁勇善战的士卒。卞家山也是个普通墓地，66 座墓葬中有 16 座随葬石钺，大多为每墓一件石钺，唯有 M34 和 M51 各随葬了 6 把石钺（图 6-7），因此石钺总数有 26 件。

[1] 浙江省余杭县文管会：《浙江余杭横山良渚文化墓葬清理简报》，《东方文明之光——良渚文化发现 60 周年纪念文集》，海南国际新闻出版中心，1996 年。

[2] 浙江省文物考古研究所、余杭文管会：《浙江余杭汇观山良渚文化祭坛与墓地发掘报告》，长征出版社，1997 年。

[3] 浙江省文物考古研究所：《文家山》，文物出版社，2011 年。

[4] 王宁远：《桐乡姚家山——嘉兴地区良渚文化最高等级墓地》，《浙江考古新纪元》，科学出版社，2009 年。

[5] 浙江省文物考古研究所：《反山》，文物出版社，2005 年。

[6] 赵晔：《良渚墓葬的石钺堆叠现象》，《杭州文博》，浙江古籍出版社，2018 年。

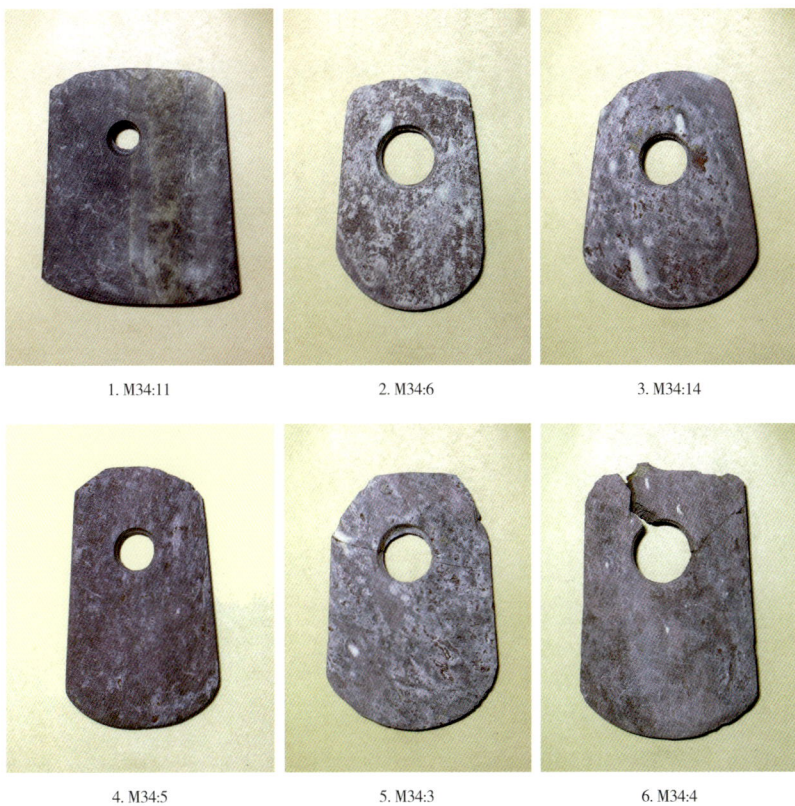

1. M34:11　　　　　　2. M34:6　　　　　　3. M34:14

4. M34:5　　　　　　5. M34:3　　　　　　6. M34:4

图 6-7　卞家山 M34 出土的石钺（部分）

　　石钺数量较多的墓葬，尤其是 10 件以上石钺的墓葬，墓内的石钺大多为舌形刃、圆弧背，器身较厚，边缘磨薄，所用材质大多为含角砾的熔结凝灰岩，专家们称之为"花石钺"。单件石钺的墓葬，总体上看，石钺品种较多，材质也较多样。例如有的呈扁薄长方形，穿孔较大；有的直边弧刃，器身较厚，穿孔较小；有的两边及刃部两面削薄；还有的呈扁薄长方形，大圆孔，带双肩。而材质有泥岩、粉砂质泥岩、粉砂岩、页岩等多种。卞家山地层里也有少量石钺出土，其中有两件为迷你型，可能是目前所见个体最小的石钺。其中的 T4⑫:44（图 6-8:1）为舌形弧刃，残长 2.7 厘米、宽 2 厘米、厚 0.2 厘米；T3⑪D:82（图 6-8:2）为平直刃，长 3.3 厘米、宽 1.8 厘米、厚 0.2 厘米。这样的尺寸，跟现在挂在胸前的牌饰差不多。

　　石镞的数量也很多，总体上大大超过石钺。大部分石镞出自地层及遗迹单位，少量出自墓葬。卞家山地层及遗迹单位内出土石镞 89 件，可分圆铤、扁铤、柳叶形三种（图 6-8:3—图 6-8:10）。圆铤为多数，占 48 件。从安装箭杆的角度，圆铤适合用细竹管：一端开几个裂口，石镞的圆铤插入后用带子扎紧即可。扁铤和柳叶形的箭杆既可用细竹管，也可用细木杆，一端居中割开，插入石镞铤部后用带子扎紧即可。为了增加牢固度，箭镞在安装箭杆时可能会涂刷胶漆，我们可以看到，在 T4⑫:80（图 6-8:5）和台Ⅱ①:9（图 6-8:8）石镞的铤部，还残留着附着的胶漆。

1. T4 ⑫ :44　　2. T3 ⑪ D:82　　3. G1 ① :218　　4. 台Ⅱ ① :13　　5. T4 ⑫ :80

6. G1 ② :103　　7. G1 ② :246　　8. 台Ⅱ ① :9　　9. T4 ⑫ :47　　10. G1 ① :89

图 6-8　卞家山出土的微型石钺及各种石镞

卞家山墓葬内出土石镞仅 3 件，分别出自 M34、M48 和 M51。而在新地里 M73，墓内零散放置了 6 件石镞。[①] 理论上有石镞随葬的墓内应该还有弓，甚至有配套的箭箙（即箭袋），但因是有机质物品，通常很难保存下来。

木矛仅在余杭庙前遗址有发现，该木矛头部经过有意灼烧，因此较为坚硬。[②] 木矛相当于冷兵器中的红缨枪或刺刀，适合搏杀，也可拆挡石钺等砍杀器。这类武器在良渚时期应该比较常见，但因是有机质材质，也难以保存下来。当然，竹竿、木棍削尖都可以作为武器，也可以用作在河里刺鱼的工具。

关于鱼类的捕杀，钟家港发现过两枚骨质鱼钩，个体小，有倒刺，跟现代鱼钩几乎没有差别。不过大规模捕鱼一般用渔网，渔网的关键物证是网坠。卞家山地层、墓葬和灰坑内出土了 10 件石质网坠，基本上都是用扁长的天然卵石割出四个槽口制成（图 6-9:1）。槽口两两相对，分别绑在渔网上，渔网因此可以下沉。卞家山石网坠的长度为 2.2 ～ 4.5 厘米，宽 1.2 ～ 1.6 厘米。除了石网坠，还有陶制的网坠，个体要比石网坠

---

① 浙江省文物考古研究所、桐乡市文物管理委员会：《新地里》，文物出版社，2006 年。

② 浙江省文物考古研究所：《庙前》，文物出版社，2005 年。

1. 石网坠（T4 ③ :1–5）

1. 陶网坠（T1 ⑩ :5）

3. 陶网坠（G1 ② :188）

4. 陶网坠（G1 ② :83）

图 6-9　卞家山出土的石质及陶质网坠

大。卞家山出土了 3 件陶网坠，恰好是三个品种（图 6-9:2—图 6-9:4）。第一种类似石网坠的放大版，泥条压扁，正背压印竖槽，然后在两侧边各压印两个槽口，长 5.7 厘米、宽 4 厘米、厚 3 厘米；第二种为圆柱形，两端略鼓，长 9.9 厘米、直径 4.3 厘米；第三种呈腰鼓形，长 11 厘米、直径 7 厘米。

第七章

艺术与精神

　　良渚社会具有浓郁的宗教情结，原始宗教构筑了社群的精神支柱。在信仰的支配下，出现了规范社会秩序的专用玉质礼器，玉礼器上琢刻了体现信仰且变化多端的"神徽"图案。平日生活中的常用器皿，有的也蕴含着宗教元素，但大多数属于生活情趣和审美追求的艺术表达。

一 装 饰

良渚文化的艺术装饰主要见于各类器物：高等级的玉器上有琢刻图案，部分陶器上有辅助装饰以及刻画的纹样或符号，漆器上也有辅助装饰和彩绘纹样。此外，保存较好的棺木漆面中，也有彩绘图案的痕迹。这里面有的跟信仰有关，有的为审美风尚的艺术呈现。尤其在良渚古城地区，普通民众的生活水平和幸福指数，相对于其他地区都要高一些。因此，它们的日常用品中，反映精神追求的艺术性元素会更多一些。

卞家山遗址没有高等级贵族墓葬，虽然按单件计也出土了 200 多件玉器（包括墓地及地层和遗迹单位），但均为素面，没有华丽哪怕简约的装饰。带纹饰的玉器几乎全部出自反山、瑶山、福泉山、高城墩等高等级贵族墓地。迄今已发现的 40 多个玉器品种中，除了少量的日常装饰性佩戴玉器，绝大部分良渚玉器都属于礼仪性物品，即仪式场合使用的器具、佩件、饰物等。作为庆典或祭祀仪式场合使用的法器或权力象征物，如琮、钺、带镦权杖等，器身往往雕琢有精美的图案，这些图案以结构完整的神人兽面图形为主，体现了最高等级的构图模式。仪式性的饰品——头上插戴的成组锥形器、三叉形器、冠状梳背等，颈项佩挂的璜与圆牌串饰、长管串等，手上戴的镯、镯式琮、筒形器等，以及衣袍上穿缀的隧孔珠、动物雕件等，很多也刻有精美图案，所饰图案主要是神徽图案的演绎，围绕神人或兽面进行各种变幻的艺术表达。表现手法有浅浮雕、主题阴刻、地纹、镂孔等，再通过分割、变形、夸张等技法的运用，进一步放大了图案的差异化，也使纹样的构图有了无限的可能性。

　　陶器上的装饰和纹样在卞家山较为典型。首先看陶器的辅助装饰。卞家山陶器的装饰手法很多，几乎囊括了良渚文化所有的装饰技法，主要有凹弦纹、凸弦纹、附加堆纹、镂孔、刻纹、戳点、彩绘等。有的器物会集多种装饰于一身，比如既有弦纹，也有镂孔，有的同时还有刻纹。这些装饰既有美化效果，也有实用考量，同时也使器物产生了更加丰富的个性化差异。尽管良渚时期已具备流程化、装配化的生产条件，但良渚陶器中除了双鼻壶等少数器类的极个别标本，几乎找不到一模一样的器形。

1. 弦纹和堆纹

　　弦纹是良渚陶器中最常见的装饰手段，又分凹弦纹和凸弦纹。因为是轮制，只要用竹刀在器身上轻轻一点，高速旋转的陶坯就能被旋削出凹弦纹；在器物上近距离做平行减地处理，可以在分界线上产生凸弦纹或竹节的效果。当成组凹弦纹的宽度和间距接近时，我们看到的可能是凸弦纹——这其实是一种可以变换的感官错觉。所以弦纹的大量出现不足为奇，尤其是那种乌黑光亮的器物，弦纹可以打破大面积的高光，赋予器物一些节奏和美感。例如卞家山 G1 ② :42（图 7-1:1）这件黑亮的细

1. 卞家山（G1 ② :42）   2. 卞家山（G1 ② :319）   3. 卞家山（T4 ⑫ :110）

图 7-1　卞家山出土陶器上的弦纹

长豆把，装饰了 7 组基本等距的双重凸弦纹，产生了极佳的形体韵律。卞家山 G1 ② :319（图 7-1:2）黑陶罐，肩部和腹部也装饰了 7 条凸弦纹。就实用效果而言，除了具有装饰功能，弦纹还能增加捧持器物的摩擦系数，使器物不易滑落。

　　当然，无论是凹弦纹还是凸弦纹，本质上都是用减地法做出的。而一些罐、壶、缸之类的大型器物，光靠弦纹不足以保证使用安全，往往需要在肩部、腹部设置较粗的条带状装饰，这样可以有效防止搬动过程中失手滑落。然而轮制陶坯时胎壁已较薄，通过减地难以制作粗壮的凸弦纹，于是就出现了在陶坯外加饰条带纹的做法，这种装饰也叫"附加堆纹"。有的隆起部位还会再进行处理，使之产生波浪形、绳纹等艺术

效果。卞家山 T4 ⑫ :110（图 7-1:3）这件圈足罐的肩部，就装饰了三圈
附加堆纹，中间一圈还装饰了四个鼻牛。

2. 镂孔

镂孔在崧泽文化时期已很盛行，最典型的就是圆孔加两侧的三角形
透孔组合，主要装饰在阶梯状豆把以及后来假腹豆的圈足上。良渚文化
继续采用镂孔装饰，制作陶坯时用竹锥、竹管、竹刀等工具，在陶坯的
圈足、高把等部位穿刺或削剔出椭圆形扁孔、圆形透孔、三角形透孔、
方形透孔、菱形透孔等装饰，使陶器具有玲珑之感。

总体而言，良渚文化的镂孔装饰没有崧泽文化时期流行。主要的镂
孔形态为圆孔和扁圆孔，装饰于少量的粗矮豆把以及双鼻壶、圈足盘、
陶簋等圈足上。有些圆孔会和圆形及半圆形的压印纹组成多种纹样，如
卞家山 G1 ① :94（图 7-2:1）这件豆把，圆形穿孔之间饰有圆形和半圆形
压纹。良渚晚期再次出现大的圆孔和三角形镂孔的装饰，有的仍以一圆
孔加两个三角孔构成组合，有的则并列等距排列，多见于粗壮较高的豆
把上。如卞家山 T3 ⑪ A:106（图 7-2:2）以及 T3 ⑪ C:109（图 7-2:3）两
件豆把，圆孔和三角形孔横向间隔，纵向成列。美人地镂孔大型器座，
分三层镂刻出圆形、三角形、亚腰形等透孔，颇有竹篓的韵味（图 7-2:4）。
卞家山 T4 ⑪ :164（图 7-2:5）将压印的同心圆排成一圈，然后在圆心和两

1. G1 ① :94

2. T3 ⑪ A:106

3. T3 ⑪ C:109

4. 美人地镂孔器座

5. T4 ⑪ :164

6. G2 ② :113

图 7-2 镂孔陶器

圆之间戳小圆孔，这种装饰手法十分罕见。而卞家山 G2 ② :113（图 7-2:6）则在等距的圆孔周围刻画绞索状的线束纹。

3. 刻纹

细刻花纹是良渚陶器的重要装饰形式，主要对象是黑衣陶器，流行于良渚晚期。大面积刻纹甚至满工的陶器具有华丽富贵的美感。表现花纹的元素很多，以卞家山为例，有圆圈纹、半圆纹、螺旋纹、十字纹、三角形纹、平行纹、波浪纹、曲折纹、鱼鳞纹、海涛纹、网格纹、砖砌纹、侧鸟纹、展翅鸟纹，等等。大部分属于抽象的几何纹，有的则来自自然界和生活中存在的物象，例如太阳、鸟、水波、海涛、错缝砌砖等。

刻画纹饰的器类主要有双鼻壶、豆、宽把杯、匜、罐、壶、鼎等。有的刻纹器物，盖子上也有相应的图案。就刻纹的幅度而言，有的较为简单，有的则较繁密；有的布满全器外表，有的器物内侧也有刻绘。一般来说，有刻纹图案的陶器制作都较精良，造型规整端庄，表皮黑亮。刻画的工具可能是牙签状带尖头的细竹签、骨针、鱼刺等。根据现代制陶艺人的经验，刻纹应在入窑之前完成。所刻的纹饰技法娴熟，线条流畅、清晰，似乎是专门的刻纹匠人所为。出窑后在乌黑底色的映衬下，线刻的效果更加醒目。这些纹样不光美化了器物，也使器物拥有了丰富的质感。不过，就整个良渚文化分布区而言，带刻纹的陶器只占一小部分，主要见于良渚古国的统治中心良渚古城，以及草鞋山、福泉山、邱承墩等次级权力中心，可见刻纹陶器盛行的地方也是政治权力集中的区域，大多应是礼仪用器和贵族用品。

　　螺旋纹是良渚陶器纹样中最重要的构图元素，也是唯一与玉器纹饰相通的构图元素，借用历史时期的图案名称可称之为"卷云纹"。小到豆芽状的单圈螺旋纹，大到线球状的螺旋团纹，再到盘旋或S形的蛇形躯体纹样，疏、密、紧、散的各种螺旋纹，构成了良渚陶器花纹的主体风格。一个螺旋纹加一个弧尖，代表一个鸟首；一条盘曲的宽带状弧线内，填刻螺旋纹和平行短线，代表动物躯体。而鸟首或指代鸟首的螺旋纹通常与蛇形躯体组合，一定距离附着一个鸟首或螺旋纹，内侧与外侧均可，就像树枝上有规律长着的绿叶，代表一种多头曲体的灵异动物，有时候甚至分不清首尾。在良渚先民心目中，这种动物已然成为吉祥符号，类似于后来的盘龙或麒麟，我们姑且将这种纹样称之为"鸟首蛇形纹"（图7-3:1—图7-3:3）。因为跟春秋战国时期的蟠螭纹很像，也曾有学者称之为"禽鸟蟠螭纹"。

　　良渚先民在他们认为重要或珍贵的器物上刻绘这种图案，体现的是一种夸张象形的浪漫主义情怀。它与良渚玉器上以神徽为表现内容的刻纹是两种体系，玉器纹饰象征高贵与神圣，陶器纹饰则展现富裕和奢华。迄今所见，陶器上唯一刻绘与神徽相关图案的标本出自良渚古城，尽管这是一个重眼带獠牙的兽面，但它已被图案化，胳膊变成了散架的鸟翼，

1. 葡萄畈刻纹陶片

2. 卞家山出土的刻纹陶片

3. 卞家山出土的刻纹陶片

4. 良渚古城西墙刻纹陶片

图 7-3　鸟首蛇形及兽面刻纹

前肢的纹饰变成纵横相隔的平行线束，神徽在此成了卡通式的装饰题材，也可理解为吉祥符号 [①]（图 7-3:4）。

多数鸟首蛇形纹配有底纹，如卞家山 G2 出土的这件壶颈残片，螺旋纹和线束交缠的网格状地纹，衬托着均匀排布的鸟首蛇形纹（图 7-4:1、图 7-4:5）。也有少量纯粹的鸟首蛇形纹会不断被嫁接和复制，做二方或四方接续，填满器表空间或框定的区域（图 7-4:4）。而卞家山 G2 出土的另一件壶颈腹残片的黑皮上，刻满了细密的鸟首蛇形纹，乍一看像涂了一层灰釉，2 厘米见方竟刻有 12 个鸟首蛇形纹，堪称微雕作品（图 7-4:2）。有的鸟首蛇形纹刻画特别精致，细节也更丰富，而且跟底纹之间往往会留出一周空白的边线，从而凸显鸟首蛇形纹的主纹地位。如卞家山 G1 ② :6（图 7-4:3）这件双鼻壶颈部，以平行线纹和砖砌纹交互分布为地纹，丰满流畅的鸟首蛇身纹因边缘留白显得更加醒目。有的鸟首蛇形纹简化为没有蛇形身躯的双头或多头鸟纹，等距刻画在底纹之中（图 7-5:1、图 7-5:2）。有的则将多个鸟头集中在一起，尖喙朝外（图 7-5:3）。这种简省的构图方式，跟良渚玉器纹饰以局部代表全部，有异曲同工之妙。而 G1 ② :407 这件豆盘外侧的细刻地纹，与反山 M12:103 玉瑲上的地纹可谓神似，仔细观察却是一个四角卷云加填线菱形纹的四方连续图案（图 7-6）。

---

① 浙江省文物考古研究所：《良渚王国》，文物出版社，2019 年。

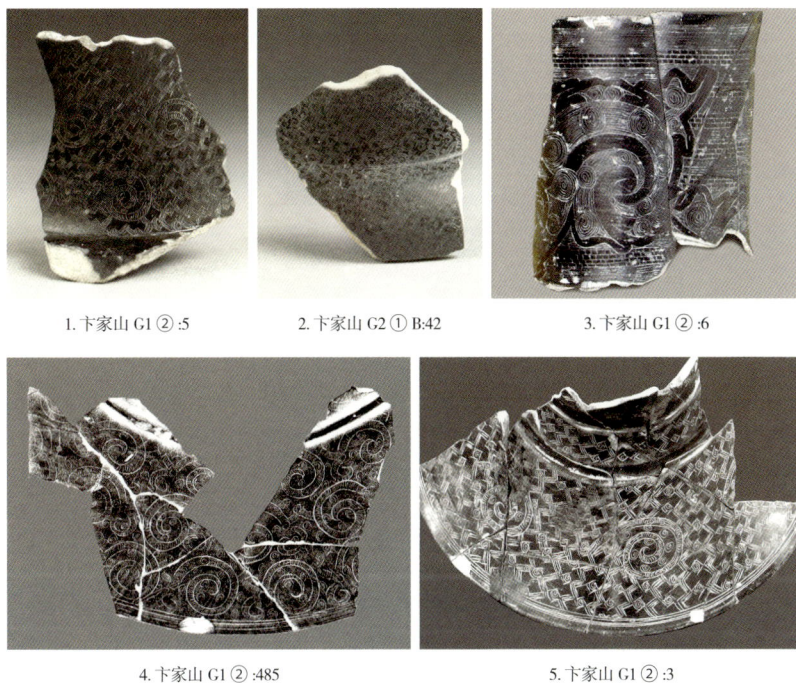

1. 卞家山 G1 ② :5　　　　2. 卞家山 G2 ① B:42　　　　3. 卞家山 G1 ② :6

4. 卞家山 G1 ② :485　　　　　　5. 卞家山 G1 ② :3

图 7-4　卞家山出土的刻纹陶片

　　带状圈饰是良渚陶器中一种基本的装饰手法。所谓"带状圈饰"，是指围绕器身一周的装饰带，可宽可窄。这种装饰以陶豆上的图案最为典型，而此类陶豆均为高柄豆，直口或微敞口，折腹，豆把上饰有凸弦纹、凹弦纹或竹节形凸棱，纹饰就刻画在豆盘的外侧以及豆把下部或整

1. 卞家山 G1 ② :69

2. 卞家山 G1 ② :384

3. 卞家山 G1 ② :392

图 7-5
卞家山出土陶器上的鸟首纹

1. 卞家山 G1 ② :407

2. 反山 M12:103 玉琮

图 7-6
密集而规则的地纹

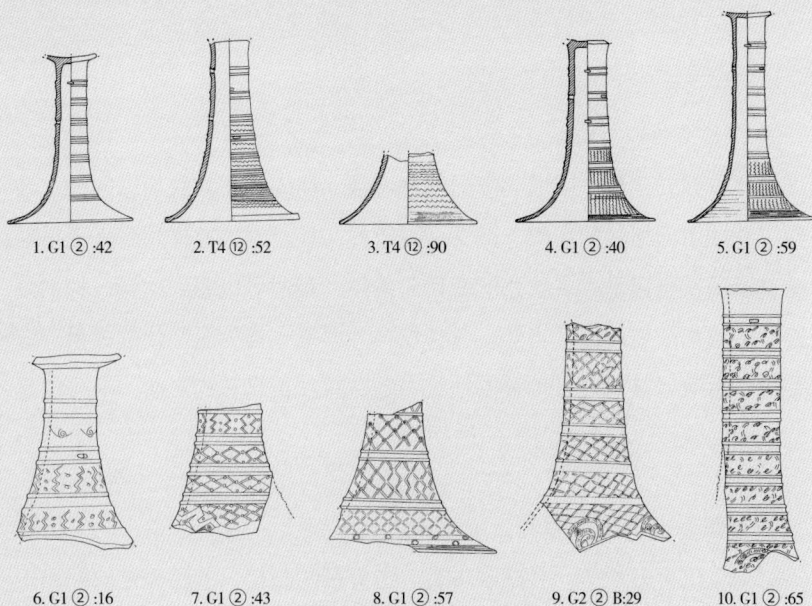

1. G1②:42　　2. T4⑫:52　　3. T4⑫:90　　4. G1②:40　　5. G1②:59

6. G1②:16　　7. G1②:43　　8. G1②:57　　9. G2②B:29　　10. G1②:65

图 7-7　卞家山出土陶器豆把上的三种主流纹样

个豆把的分节中间。以卞家山为例，豆把上的纹样大致分三种（图 7-7）：

（1）横向水波纹或横向水波纹加鸟首纹图案；

（2）纵向水波纹或纵向水波纹加鸟首纹图案；

（3）变形网纹或变形网纹加鸟首蛇形纹。

三种纹样之间似乎存在逻辑关系。由于带纹饰的豆把本身都有横向的弦纹或凸棱，因此第一种纹样应最先出现，它原本是弦纹或凸棱之间的填充装饰，后来演变为有一定宽度的装饰带。然后是第二种纹样，横向的水波纹转向后，就成为纵向的水波纹。横向的水波纹加纵向的水波纹，就成了网格状的图案，即第三种纹样，只是这种纹样到后来变得越来越草率甚至凌乱。从纹路的变化关系中，我们可以看到这样一种由简至繁的纹饰演变规律。当然，三种纹样并不是一种先后替代的关系，它们出现后可以共存，三种装饰地纹中的鸟首纹或鸟首蛇形纹，很可能是它们共同延续过程中相互影响的产物。

双鼻壶也有带状圈饰，主要刻在其长颈上。例如卞家山 G1 ② :88（图 7-8）这件双鼻壶，颈部中央有 5 道等距的凸棱，上凸棱至口部和下凸棱至肩部，分别刻画了相同的带状圈饰，即由内而外逆时针方向的螺旋纹等距排列，中间填刻水平方向的曲折纹，扁圆的器身肩部还刻有一周抽象的鸟纹。类似的螺旋纹宽带装饰，在新地里 M28 双鼻壶上也有发现。

带状纹和螺旋纹组合，可以将陶器周身填满花纹，这是提升陶器品级的最佳方式。这种装饰手法与明清时期的青花瓷图案颇为相似，带纹和主题图案分层描绘，从口部至底部可达 10 多层。

目前所见的良渚陶器中，通体施纹、整器设工、极尽华丽的器形，主要有宽把杯、匜、双鼻壶、豆和鼎。福泉山 M65 这件宽把杯，胎薄轻盈，宽把翘流，器表乌黑油亮，器身刻满精细花纹。腹部的主题纹饰是几只错落有致的变形鸟纹，鸟身填刻纵横交错的平行线，流部是双翼舒展的

图 7-8　卞家山出土的 G1 ② :88 刻纹双鼻壶

飞鸟正视形象；杯身表面通体刻满纵向菱格折线的规则地纹，菱格内填满细线①（图 7-9:1）。吴家场 M207 这件宽把杯器盖保存完好，有两对穿孔，表面刻满带边框的变形鸟纹②（图 7-9:2）。上海青浦寺前 M4 出土的双鼻壶也有精美的纹饰，颈上部为两周以三道平行线构成的曲折纹，其下刻满了螺旋的涡纹（图 7-9:3）。此外，海盐龙潭港 M12 宽把杯刻绘了一条鳄鱼，张嘴露齿的头部在宽把一侧，鳄鱼的身体被拉伸成多条带状装饰③（图 7-10:1）。绰墩也发现过一件满工的宽把杯，口部较小，流部高翘，器身刻满鸟首纹和方格填线纹④（图 7-10:2）。卞家山遗址没有发现完整的刻纹宽把杯，但有刻纹宽把杯的口部残件，流口为平行线和涡纹，器身镌刻鸟首纹和方格填线纹，图案细密清晰，刻工上乘（图 7-10:3）。

满工的陶豆以福泉山 M101 这件为典型，豆盘外和豆把刻满了细密

① 浙江省文物考古研究所、南京博物院、上海博物馆：《良渚考古八十年》，文物出版社，2016 年。
② 浙江省文物考古研究所、南京博物院、上海博物馆：《良渚考古八十年》，文物出版社，2016 年。
③ 浙江省文物考古研究所、海盐县博物馆：《浙江海盐县龙潭港良渚文化墓地》，《考古》2001 年 10 期。
④ 苏州博物馆、昆山市文物管理所、昆山市正仪镇政府：《江苏昆山绰墩遗址第一至第五次发掘简报》《绰墩山——绰墩遗址论文集》，《东南文化》2003 年第 1 期增刊。

1. 福泉山 M65 刻纹宽把杯　　　2. 吴家场 M207 宽把杯刻纹器盖　　　3. 寺墩 M4 刻纹双鼻壶

图 7-9　华丽的细密花纹

1. 海盐龙潭港 M12 刻纹宽把杯　　　2. 绰墩刻纹宽把杯　　　3. 卞家山出土的刻纹宽把杯残片

图 7-10　刻纹宽把杯

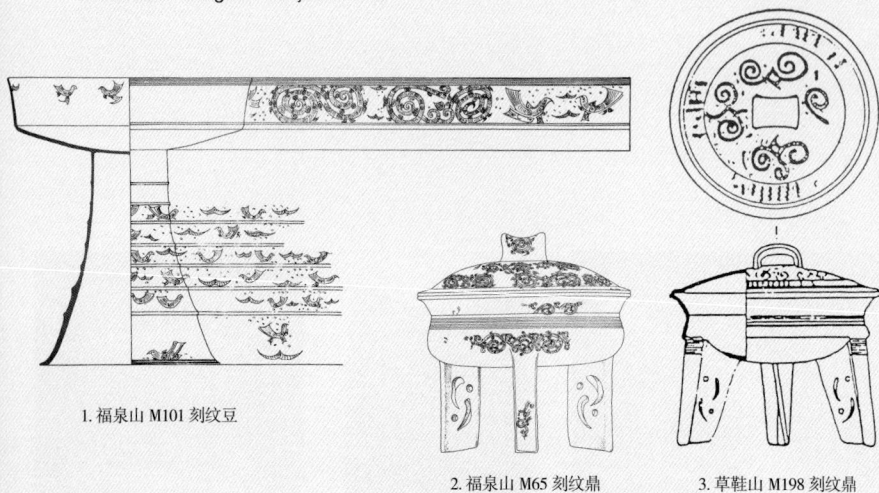

1. 福泉山 M101 刻纹豆

2. 福泉山 M65 刻纹鼎

3. 草鞋山 M198 刻纹鼎

图 7-11　陶器细刻纹线图

的纹饰。[①] 豆盘外以缠绕的鸟首蛇形纹为主纹，蛇形纹内填满卷云纹和平行弧线，连续的两组鸟首身形纹之间辅以侧身的展翼凤鸟和海鸥状双翅飞鸟。豆把的凸棱间刻绘正侧相间的鸟纹（图 7-11:1）。福泉山 M65 一件鼎及盖上刻满花纹，器盖及盖钮上刻绘了 18 个鸟首蛇形纹，器身肩部饰细密的弦纹，器身腹部刻绘环环相扣的鸟首蛇形纹，镂孔 T 形鼎足的外侧面，也饰有同类花纹[②]（图 7-11:2）。草鞋山 M198 的鼎，虽然器身只

----

① 　上海博物馆:《文明之光》(申城寻踪: 上海考古大展) 图录，上海书画出版社，
2014 年。

② 　同上。

1. 卞家山 G1 ② :32　　　　　　　　2. 卞家山 G1 ① :193　　　　　　　　3. 卞家山 G1 ② :39

图 7-12　其他装饰纹样

有简单的弦纹，但器盖刻画了四组鸟首蛇形纹，加上圈纹里面的曲折填线纹，也显得富丽堂皇（图 7-11:3 ）。

此外，良渚陶器还有多种其他纹饰，有的十分罕见。其中鱼鳞纹发现多例，如卞家山 G1 ② :32（图 7-12:1 ）这件喇叭形豆把，下部三个节面之间刻满了鱼鳞纹。海宁佘墩庙一件双鼻壶颈部，鸟首蛇形的主纹之外，也填刻了密实的鱼鳞纹。类似的还有海涛纹，见于卞家山 G1 ① :193（图 8-12:2 ）。砖砌纹在卞家山 G1 ② :6（图 7-4:3 ）双鼻壶颈部的刻纹上即有出现，另一件 G1 ② :39（图 7-12:3 ）陶壶残片上有更密集的砖砌纹。

4. 彩绘

良渚文化的彩陶极少发现，可算是良渚陶器家族中的调味品。虽只在个别遗址有零星发现，但纹样并不单调。部分承袭崧泽晚期的彩陶，部分受到外来影响，经过吸收和创新，良渚文化彩陶也形成了自己的风格。

广富林出土的 -件彩陶壶和南湖出土的一件彩陶器圈足，都描绘了两条粗红线与两条粗黄线交缠的纹样。广富林 J16 还出土了一件类似纹样的彩陶杯。澄湖出土的一件双鼻壶有上下两组双股绞索纹，只是颜色为单色黄 [①]（图 7-13:6）。这几件器物分别出自太湖东部和南部,说明这种红黄两色或单色的绞索纹，是良渚文化彩陶的一种流行图案。而福泉山遗址发现的一件彩陶背壶，无论陶质、陶色、器形与纹饰，都具有大汶口文化彩陶的风格，可能因某种原因从大汶口文化直接带入。

美人地遗址修复了一件完整的贯耳壶，米黄底施红彩，双耳上绘纵向条纹，器物上腹部绘螺旋带尖尾的宽带纹，宽带内填满平行斜线纹，形似盘旋的动物躯体（图 7-13:1）。卞家山也有一件彩绘贯耳壶残件，器

---

① 　上海博物馆:《文明之光》(申城寻踪: 上海考古大展)图录,上海书画出版社,2014 年。

1. 美人地彩绘贯耳壶　　2. 卞家山彩绘贯耳壶残片　　　3. 塔地彩绘陶罐

4. 福泉山彩绘黑陶壶　　5. 福泉山黑陶壶上的彩绘　　6. 澄湖彩绘双鼻壶

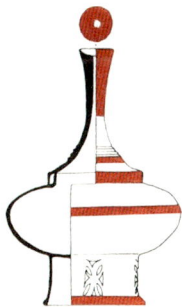

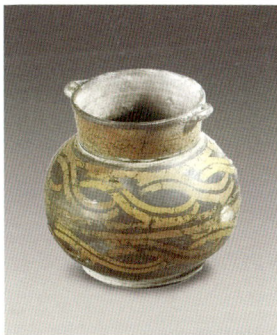

7. 卞家山彩陶片　　　　　　　8. 卞家山彩陶片

图 7-13　良渚彩陶纹饰

物造型和纹饰风格跟美人地这件彩陶贯耳壶如出一辙（图 7-13:2）。

　　塔地遗址出土过一件较完整的彩陶罐，橙黄底上描绘了四组勾连的红色 S 形线束，颇具动感 [①]（图 7-13:3）。福泉山有一件造型别致的黑陶壶，器身扁圆，高圈足上有四组花瓣形镂孔，细长钮的器盖特别秀美。其圈足底部、器腹分别描绘了一条红色带饰，盖上则描绘了三条红色带饰 [②]（图 7-13:4、图 7-13:5）。这件器物的彩绘仅存痕迹，按理它应采用线刻装饰，但它涂描了彩绘，可能具有特殊的用意。

　　卞家山遗址也出土了多块彩陶残片，纹样各不相同。除了上述类似美人地彩陶贯耳壶的抽象动物图案，还有成组的弧线纹、平行直线纹、禾苗纹、展翅的鸟纹等（图 7-13:7、图 7-13:8）。

　　良渚彩陶上的彩绘，大多为矿物质颜料，用水调制，类似现今的水粉颜料，因此容易被刮落和磨损。而良渚文化漆器上的彩绘使用天然大漆调色，不仅色泽鲜艳也不易剥落和磨损。卞家山发现两件重要的彩绘漆器，一件是在漆觚两组凸棱间描画了云雷纹图案（图 7-14:1），一件是

① 蒋卫东：《湖州塔地》，《浙江考古新纪元》，科学出版社，2009 年。
② 上海市文物管理委员会：《福泉山——新石器时代遗址发掘报告》，文物出版社，2000 年；上海博物馆：《文明之光》（申城寻踪：上海考古大展）图录，上海书画出版社，2014 年。

2. 钟家港北区漆盆彩绘纹样

1. 卞家山漆瓠彩绘纹样

3. 卞家山髹漆器盖彩绘纹样

图 7-14　彩绘漆器

在椭圆形器盖上彩绘了变形鸟纹图案（图 7-14:2）。这两件堪称是目前所见保存最好的史前彩绘漆器。近年来，邻近的钟家港遗址也出土了多件精美的彩绘漆器，其中有一件圆雕的鸟头用黑漆线条描画了复杂的图案，纹饰风格酷似春秋战国时期的楚风彩绘漆器；还有一件平底浅盘，器腹外侧用黑线填色的直角线和弧线，勾画了一幅装饰性很强的连续图案（图 7-14:3）。

　　用天然漆调和的彩绘也偶尔见于陶器上，如南湖出土的彩绘圈足，用漆调制的双股绞索状彩绘线条明显富有光泽与厚实。[①] 将天然漆用于陶器上的彩绘，从一个侧面反映出良渚文化的漆器手工业已很成熟，良渚先民已将漆绘从木胎延伸到了其他材质。

　　此外，笔者在良渚横圩里遗址发掘时，曾在残存的棺木漆皮上，发现有零星的彩绘图案。

二　刻画符号

　　良渚陶器中还有一些刻画符号，出现在罐、豆、双鼻壶、壶等器物的口部、肩部、颈内、内底、外底等部位，有的用肉眼可以醒目地观察到，有的则位于隐秘部位。部分鼎的三足也有相同的刻画符号。绝大多

① 　赵晔：《余杭南湖遗址》，《浙江考古新纪元》，科学出版社，2009 年。

图 7-15　卞家山同一刻符的鼎足

数符号以单符出现，个别有一器多符的现象。据统计，迄今发现的良渚刻符已达 700 多个，这些刻符大体上可分为象形符号和抽象符号两大类，抽象符号明显具有标识意义，象形符号尤其是成组的象形符号，可能已具备记事功能，有专家认为良渚刻符已属于原始文字。确实，从装饰的角度看，良渚刻符都比较随性，基本没有章法可言，起不到装饰的作用。因此，这些刻符一定蕴含了某种含义，或者是标记，或者是计数，或者是记录某个事件，等等。而像卞家山出土的鼎的三足用同一刻符，显然是一种记号，以免装配时出错（图 7-15）。

　　卞家山遗址在陶片中发现了 80 多个刻画符号，数量之多在已知的良渚文化遗址中位列前茅。目前所知平湖庄桥坟遗址的刻符数量最多，陶器和石器上共发现 200 多个刻符。良渚古城东侧的钟家港遗址经过多次发掘，也出土了为数不少的刻符，因资料尚未公布，数量不详。这三处遗址的刻符是研究良渚刻符最重要的基础资料。

　　史前陶器上的刻符分烧前刻和烧后刻两大类，卞家山遗址以烧后刻的数量居多，约占 57%。所谓烧前刻是在成型的泥坯上刻画，因质地湿软，笔道两侧往往会有明显隆起的推泥，刻符交叉处，后画的笔道会盖过先画的笔道。例如 G1 ② :56（图 7-16:1）的"个"字形符，一撇一捺及一竖边缘都微微隆起，即是陶坯湿软时刻画所致；另外三笔分离，起笔处都很尖，可能是削尖的竹签所画。烧前刻所用的工具不需要多大硬度，从痕迹上看可能用的是随处可见的树枝、竹片之类材质。例如 G1 ③ :347（图 7-16:2）上的反"N"形符号，似为开裂的细竹管所画，起笔处有明显的分叉，符号笔道上也有分叉的缝脊。除了刻画，也有用圆管形工具压印的标本。细看 G2 ⑩ :180(图 7-16:13)上的"八"字形刻符，两个圆弧对称分布，应该是用较粗的竹管斜向压印而成，圆弧外侧的坡面十分光洁，内侧的坡面则较粗糙。再如 T2′ ⑪ :12（图 7-16:9）上的交叉弧线，其中大弧线是用圆管形工具压印出来的，印痕中间较深，说明圆管形工具的头部比较锐利。

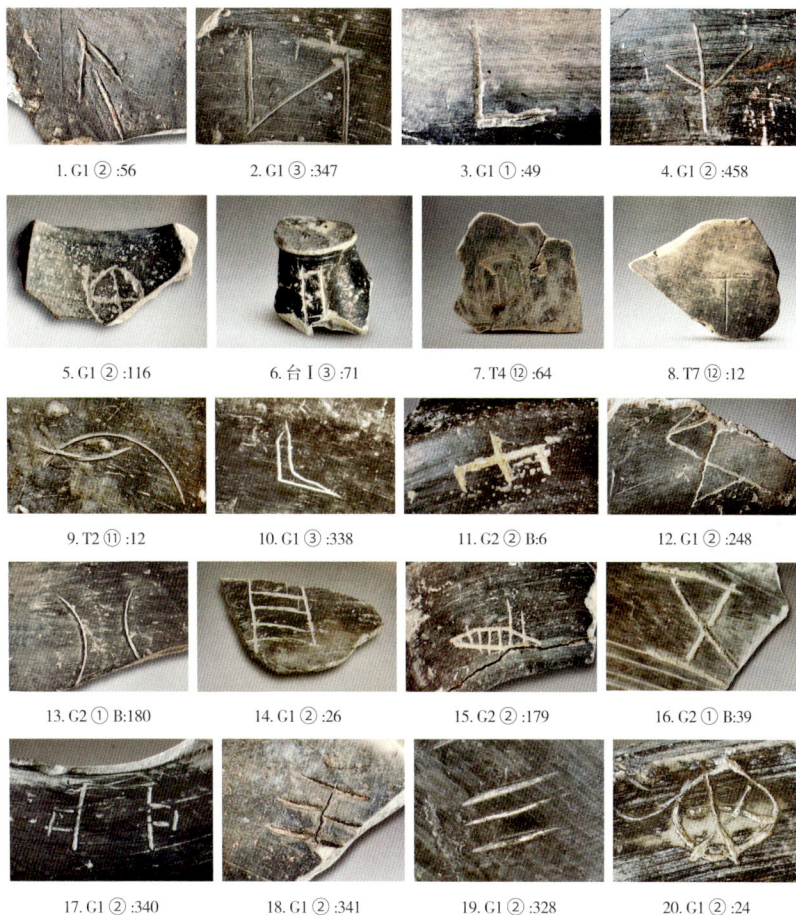

1. G1 ② :56　　　　2. G1 ③ :347　　　　3. G1 ① :49　　　　4. G1 ② :458

5. G1 ② :116　　　　6. 台 I ③ :71　　　　7. T4 ⑫ :64　　　　8. T7 ⑫ :12

9. T2 ⑪ :12　　　　10. G1 ③ :338　　　　11. G2 ② B:6　　　　12. G1 ② :248

13. G2 ① B:180　　　　14. G1 ② :26　　　　15. G2 ② :179　　　　16. G2 ① B:39

17. G1 ② :340　　　　18. G1 ② :341　　　　19. G1 ② :328　　　　20. G1 ② :24

图 7-16　卞家山出土器物上的抽象刻符

所谓烧后刻是在烧成的陶器或陶片上刻画符号，陶泥经过近千摄氏度的高温烧灼后已变得坚硬，此时要在陶器或陶片上刻画符号就需要一定硬度的尖头工具了，推测先民所用的是骨、牙这类坚硬材质加工而成的雕刻工具。这种尖头工具最初较为锋利，刻画起来较为流畅细锐。时间长了也会变钝，所以有的笔画会多次加刻。陶胎上如有杂质比如沙粒，刻画笔道可能会出现顿挫划跃。比如 G1 ② :330（图 7-17:1）豆盘正中的方框加叉形，它所用的契刻工具应该是比较坚硬细锐的。卞家山 G2 ② :41（图 7-17:2）虽然笔画细锐，但刻画时较拘谨，没有一气呵成的洒脱。而像 T4′ ⑫ :134（图 7-17:3）的竖条加双圈形刻符，所刻的工具明显已较挫钝，主体笔道经过了多次加刻，线条混沌模糊。G1 ① :49（图 7-16:3）的 "L" 形刻符所用工具更钝，笔画粗浅，且横向笔画因打滑又补加了一条。也有用力契划，刻道很深的符号，例如 G2 ② :6（图 7-16:11）"巾" 字形刻符，G2 ② :179（图 7-16:15）鱼形刻符，G1 ③ :338（图 7-16:10）尖足形刻符等，都刻画得入木三分。

烧前刻与烧后刻有没有不同的目的与含义，这是以往被人们忽视的问题。这个问题其实很重要，它可能是我们研究刻画符号的一个重要视角。以常理推论，烧前刻很可能与制作有关，主要用作记号——比如鼎的三足用同一符号标识，可以防止组装时错乱，或者表示某人定烧、制作者暗记、有特殊用途、烧制时有不同要求，等等。这种符号很可能因人而异，只有制作者自己明白其中的含义。烧后刻的符号应该是给别人

210

1. G1 ② :330　　　　　　　2. G2 ② :41　　　　　　　3. T4 ⑫ :134

图 7-17　卞家山刻符分析

看的，很可能是使用者所刻，或者使用者委托刻工替自己契刻。它要表达的或是产品归属、徽记、专门用途、重要事件，等等。

　　按照形体来划分，卞家山的刻画符号也不外乎两大类：一类为抽象符号，笔画简单，有的类似几何形；一类为象形符号，笔画较多，具有图形化特征。比例上抽象符号占多数（超过三分之二）。这类符号以 2～4 笔为常见，主要由直线、折线、弧线和圆圈构成。象形符号仅占 20% 多，其特点是笔画众多，看起来是在描摹某种物象。

　　卞家山的抽象刻划符号有 50 多个，可以举一些例子：台Ⅰ③:71（图 7-16:6）这件豆把上部，刻了一个极深的"口"字形符。G1 ② :116（图 7-16:5）陶片内侧刻了一个圆圈加"十"字形符，同类的刻符还有 G1 ② :24（图 7-16:20），圆圈内刻了一个"女"字形符。此外，G1 ② :341

（图 7-16:18）刻了一个"王"字形符，G1 ② :340（图 7-16:17）刻了一个"门"字形符，T7 ⑫ :12（图 7-16:8）刻了一个"T"形符，G1 ② :328（图 7-16:19）刻了一个"三"字形符，G1 ② :248（图 7-16:12）和 G2 ① B:39（图 7-16:16）都刻了个"五"字形符。而 T4 ⑫ :64（图 7-16:7）十分特殊，竟然用双股线刻画了两个"U"形互相咬合的符号。

　　大部分抽象刻符互不相同，表明还没有形成共识的可传播的文字性内涵。这里面可能有一些计数符号，但形体也不太一致。个体数较多的符号有三种，分别为"⊠""×"和"T"形，它们的数量都在 5 个以上。那么这三种符号有共同的含义吗？"⊠"分别出现在罐肩、罐内沿、豆盘面、豆盘外等部位，烧后刻居多，也有烧前刻的。"×"分别出现于罐底、圈足底、豆盘面等部位，烧前刻稍多。"T"分别出现于鼎足、罐底、罐肩、豆盘面等部位，烧前刻较多。这三种刻符疑似已形成共识性的某种含义，但因都存在烧前刻与烧后刻两种情况，它们的含义或许比较宽泛，在外观能看到的地方可能表达了某种含义（抑或是计数单位），而在罐底、圈足底等直视不可见的地方，也可能只是借用它的形体作为标记。

　　纵观已知的良渚文化遗址，个体数最多的是"×"形符，共计 60 多个，其中庄桥坟就有 25 个，塔地有 10 个。个体数其次是"T"形符，共计 17 个，其中庄桥坟发现 9 个。[①] 这说明它们的传播和使用范围已较广。不过由于大多数个体都没有或极少有重复出现的几率，作为原始文字的共识性和传播性似乎不够强，所以整体上似乎尚未进入原始文字阶段。

象形符号主要见于罐的肩腹部，全部都是烧后所刻，很明显它是有内容要告诉别人的。卞家山遗址出土的象形符号也有 10 多个，如 G1 ② :87（图 7-18:9）的龟、G2 ⑩ :176（图 7-18:1）的虫虾是最直白的图符；G1 ② :342（图 7-18:2）、G1 ② :349（图 7-18:3）则在神态上像奔跑的动物。其他较多的网格形，有的像多齿叉篱笆（G1 ② :191）（图 7-18:6），有的像吉他（G1 ② :190）（图 7-18:5），有的像屋顶（G1 ② :350）（图 7-18:7）。而 G1 ② :75（图 7-18:4）正看像棵树，倒看像"祖"字。最令人匪夷所思的是 G1 ② :391（图 7-18:8），这个刻符中有"介"字形，还有人眼、鹰钩鼻、三爪等元素。

卞家山象形符号中有两件是成组符号，其中 G1 ② :170（图 7-19:1）是两个符号，内部均为网格线，外廓一个像篱笆，一个像禽类的身子，似乎表示圈养家禽。G1 ⑥ :333 和 G1 ④ :335 是两块可以拼合的陶罐腹片，陶片上留有 5 个连续的刻符，其中一个像全副鱼刺，整组的刻画风

---

①　张炳火、良渚博物院：《良渚文化刻画符号》，上海人民美术出版社，2015 年。

1. G2 ① B:176

2. G1 ② :349

3. G1 ② :342

4. G1 ② :75

5. G1 ② :190

6. G1 ② :191

7. G1 ② :350

8. G1 ② :391

9. G1 ② :87

图 7-18　卞家山出土器物上的象形刻符

1. G1 ② :170   2. G1 ⑥ :333，G1 ④ :335   3. G2 ⑧ :178   4. T4 ⑩ :119

图 7-19　刻符组合纹

格颇像南湖出土的那件刻符陶罐（南湖 87C3—658），应该是记刻了某个事件（图 7-19:2）。而南湖成组刻符上的禽类身子，与卞家山 G1 ② :170（图 7-19:1）的禽类身子刻符也十分接近。所以卞家山这两件成组刻符陶器，与南湖的成组刻符陶器应具有一定的关联，两者风格相同，年代相当，地域也相近。

抽象符号中的成组符号，在卞家山也有两件。T4 ⑩ :119（图 7-19:4）刻了三个"Z"形符。G2 ⑧ :178（图 7-19:3）仅保存了两个符号，一个是内有"十"字的三角形，一个是"T"形。抽象符号中的成组符号确实不多，最典型的是江苏澄湖发现的一件贯耳壶（J127:1），这件贯耳壶的腹部刻画了 5 个抽象符号，其中的"⊠"形和"个"字形，在卞家山

215

遗址都能找到相似的符号。

　　虽然象形符号中相同或相似的符号并不多，但它们的辨识度相对较高，更易让人明白刻画的内容。不过从文字的进化来看，具有指事、会意功能的抽象符号一定更接近成熟的文字。因为它们的笔画简单、结构有序，更容易刻写和传播。玛雅文字虽然也有象形的成分，但它已格式化，每个字都很方整，字体的构架有其规律，所以能称为成熟文字。当然，由于这种文字笔画很多，并非为普通民众所能掌握的通用文字，它属于高端的巫师文字。

　　烧前刻最多的是器底，主要是平底罐，其次是 T 形鼎足，个别见于圈足底。这些部位都不是直视能看到的，这是推论烧前刻的符号仅具有制作者自己明白的记号性质的重要依据。而烧后刻的符号大多施于肉眼能直观看到的部位，体现了使用者有意要传递给他人某种信息。因此，我们在探讨文字起源时，主要还是要关注烧后所刻的符号。烧后刻符大多施于陶罐的肩腹部，豆盘及豆把上的刻符也都是烧后所刻，还有少量见于双鼻壶的颈部或肩部。这说明罐、豆、双鼻壶是良渚时期刻符的主要载体，是大众文化信息的重要传播者。这也反证了罐、豆、双鼻壶是使用频率最高的日常用品。鼎虽然是日常必需的炊具，但却是上不上"台面"的东西，所以鼎身上并未见刻符，鼎足上的烧前刻符仅具标记作用。

1. T2 ⑪ :11　　　　　2. G2 ② B:38　　　　　3. G1 ② :381

图 7-20　独立刻符

　　在卞家山遗址，还有一种有意磨成一定形状的刻符陶片，且有 3 件。T2 ⑪ :11（图 7-20:1）是一块特意磨成臂章形的陶片，上刻"木"字形符。这块令牌一样的陶片，边缘已磨得浑圆，表明随身使用了很长时间。这个"木"字一定具有指事功能，所以它应该是最接近原始文字的一个符号。另有两块也经打磨的刻符陶片，一块是 G2 ② B:38（图 7-20:2），磨成不周正的扁圆形，中间有一个网格符，像一片栅栏；一块是 G1 ② :381（图 7-20:3），磨成三角形，上面的圆角"田"字形刻符偏向一角。从刻符的位置判断，最后一块"田"字刻符不居中，应该是先有刻符，成碎片后再做了打磨。G2 ② B:38(图 7-20:2)这件刻符虽然居中,但符号出郭，将带刻符的碎片再打磨成扁圆形的可能性也较大。至于"木"字形令牌式刻符，位置居中也不出郭，可能是磨成臂章形之后再刻的。

三　戳点符号

　　良渚文化中期开始出现一种卷沿的红陶罐，沿面有戳点纹装饰，到良渚文化晚期，这类器物越来越多，个体也越来越大，纹样也更丰富，成为一道独特的风景。这类罐的口沿几乎都有戳点装饰，所用工具应为竹签之类的尖状物，在胎体湿软时戳刻，稍干后将隆起的泥边刮掉或削磨掉，然后入窑烧制。装饰部位都在翻卷的沿面，而且大部分靠近口沿内侧。戳点的纹样除了装饰化的线条，还有文字化的符号——线条可谓基础纹样，符号属于主体纹样。

　　除了海宁小兜里遗址发现过几个随葬红陶罐的墓例，绝大多数红陶罐出自遗迹和地层当中。庙前、新地里、塔地等很多遗址均有发现，但数量最多的还是卞家山遗址。在卞家山遗址，经修复完整的红陶罐达 13 个，绝大部分为卷沿或平折沿，偶见直敞口和敛口。个体差异也很大，口径小的才 11 厘米，大的有 25 厘米；高度矮的为 13 厘米，高的可达 72.8 厘米。包括不能修复的残片，能看出线饰或符号的标本有 59 个，其中沿面完整的个体有 12 个。从沿面完整的戳点图案来看，其装饰手法有如下几种情况：

　　A. 仅有单个的戳点符号；

　　B. 戳点线条之间有两个对称的戳点符号；

　　C. 戳点线条之间有四个等距的戳点符号。

　　这些红陶罐的戳点线条以弧线居多，波浪线也占一定比例。单股的

1. G1 ② :356　　　　　　　2. G1 ① :375　　　　　　　3. G1 ④ :405

图 7-21　红陶罐完整口沿

线饰较常见，也有双股和四股的线饰。线饰的长短也不一致，有的连续较长，有的则间隔分布。从痕迹上判断，双股和四股的戳刻工具应是双齿或四齿的尖状物，这样就可以一次性将复线的装饰纹戳好（图 7-21）。

　　卞家山红陶罐的戳印符号有"×"形、"S"形、"T"形、"D"形、"L"形、叶脉形等多种（图 7-22）。对称的两个符号或四个符号并不相同，表明它们不是纯装饰性的。而且这些符号中有的与刻画符号相同，如"×"形、"T"形、"个"形、"L"形等，更说明两者之间可能有着某种联系。按照刻画符号的分类，戳点符号都应是抽象符号，它们与刻画的抽象符号只是表现手法略有不同，结构上其实一致，传达的信息也应相同。

　　良渚文化晚期各地都有这种戳点装饰的红陶罐存在，造型统一、胎质相同、色泽相近、装饰风格一致，表明这类器物具有特定用途。如果盛装稻米等粮食，普通的陶罐也可承担，不必大费周章制作这么特殊的器物。如果用来盛酒，就需要密闭口部，虽然用兽皮等材料可以蒙住口

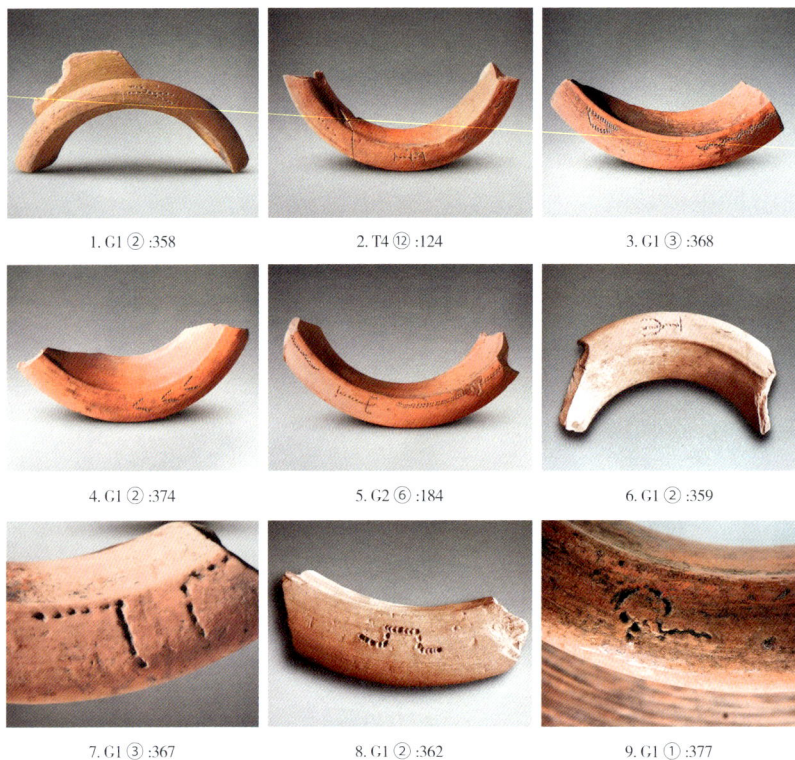

1. G1 ② :358 2. T4 ⑫ :124 3. G1 ③ :368

4. G1 ② :374 5. G2 ⑥ :184 6. G1 ② :359

7. G1 ③ :367 8. G1 ② :362 9. G1 ① :377

图 7-22　红陶罐刻符

部，内凹的颈部可以将兽皮系扎紧实，但如此一来兽皮会遮蔽沿面的装饰，戳点的花纹便成了多余，失去了意义。如果不是液态的东西，那就可能是某种干果，或是某种高级的食物或饮品的原材料。总之，对良渚先民的生活具有特殊意义。

结　语　Postscript

　　良渚文化距今四五千年，这似乎是一个遥远的年代。但对考古学家来说并不遥远，有时候只是几十厘米的距离——从地表往下挖掘几十厘米，就可能挖到良渚文化的地层或遗物。薄薄的两个地层间，或许能跨越一百年、数百年甚至几千年。从宏观层面来说，良渚社会的许多方面，跟今天并没有太大区别。比如礼仪制度，良渚时期即已出现，如今则更加规范细腻；临水而居的生活方式，从良渚时期延续至今，现在的很多江南农村依然如故；不同功能的各类食器，也仿佛依旧，只是材质不同罢了；而水稻种植，除了工具材质上的差别，数千年来几乎如出一辙。卞家山遗址所揭示的墓地、港湾、码头和生活设施，基本上代表了良渚时期古城内部普通社群的生活方式。因为历史的脉络不曾断裂，很多方面我们都会有似曾相识的感觉，这正是我们看重历史、敬畏历史的内在原因。当然，也有很多内容只属于那个时代、那个社会，它们留给我们的是一个个神奇或震撼的瞬间。

　　为了配合申遗，杭州中联内燃机配件厂最终迁出卞家山遗址，原有的厂房，包括后来厂方获批在码头区域用土堆高后建造的几座钢构的框架式厂房，被改造成多家文博机构的驻地。西侧的 4 幢老厂房改造后成了良渚遗址考古与保护中心和良渚工作站的新驻地（从莫角山上的八角亭搬迁至此）。东侧的厂房改造后成了良渚遗址监测管理中心和良渚遗址管理所的办公场所。它们位于良渚古城遗址公园正南门入口的东侧，与遗址公园一起，成为文化遗产展示体系的有机组成部分。

旧厂区改造过程中，浙江省文物考古研究所对厂房建筑之间的部分空地做了考古发掘。2017年底，在4号楼和5号楼之间的空地上发现8座良渚文化墓葬，其中有两座为贵族墓，随葬品中含璧、钺、镯、璜、梳背、成组锥形饰等较高品级的玉器，墓葬东部还清理出两处有一定间距的建筑遗迹。这些遗迹位于2003—2005年卞家山发掘区的西北部，两者相距并不远，表明卞家山遗址的聚落结构十分密集，在整条千米长的带状遗址上，必定布落着许多的宗亲家族，一如现在依然有成片的居民。

对卞家山遗址来说，新旧世纪之交是它复苏和重生的开始，从调查遗址到确认遗址再到发掘遗址，从保护构想到研究、保护及监测机构的设立，古今重叠的卞家山，承载着大量的历史记忆，也担负着研究和守护远古文明的重任。

图书在版编目(CIP)数据

良渚侧影: 卞家山 / 赵晔著. — 杭州: 浙江大学
出版社, 2022.7
　(良渚文明丛书)
　ISBN 978-7-308-22445-1

　Ⅰ. ①良… Ⅱ. ①赵… Ⅲ. ①良渚文化－古城遗址
(考古)－研究 Ⅳ. ①K878.34

中国版本图书馆CIP数据核字(2022)第058442号

良渚侧影：卞家山

LIANGZHU CEYING: BIANJIASHAN

赵　晔　著

策 划 人	陈丽霞　丁佳雯
丛书统筹	丁佳雯　陈丽霞
责任编辑	赵　静
责任校对	胡　畔
美术编辑	程　晨
排　　版	杭州林智广告有限公司
出版发行	浙江大学出版社
	（杭州市天目山路148号　　邮政编码　310007）
	（网址：http://www.zjupress.com）
印　　刷	浙江海虹彩色印务有限公司
开　　本	880mm×1230mm　1/32
印　　张	7.5
字　　数	170千
版 印 次	2022年7月第1版　2022年7月第1次印刷
书　　号	ISBN 978-7-308-22445-1
定　　价	68.00元